學流年命盤這本最好用

謝國華◎著

序言一：中華相命師，爲何不精於「排流年」

不只是一般的算命仙，連許多鼎鼎大名的算命大師也不會排流年，因此，排流年、批流年和論流年，儼然成為最高頂級的算命術，對於世人而言，幾乎每個人都希望知道自己一生流年的每年，甚至每一月（流月）、每一天（流日）的運氣，但卻苦於找不到算命大師排流年、流月、流日，即使勉強找到大師，也常常是語焉不詳，甚至每次所排流年運氣皆不相同，每次的流年，這就代表所排流年不正確，就像同一塊金屬，倘若每次所秤的重量都不相同，就代表這個秤是不準確的，就科學專業術語而言，這是所謂的重測率（REPEATABILITY）。面對如此眾多世人的渴望排流年，所有的算命大師當然也非常盼望擁有排流年的本領，但是翻遍中國相命經典書籍或祖傳秘笈，幾乎沒有一本書籍能夠完整、具體而明確的排流年，即使號稱中國相命十大經典書籍（宋元五經和明清五經），每一本書籍雖然都會出現流年隻言片語，但卻無法完整介紹，讀者若是有興趣進一步研究，可參閱以下的十大相命經典書籍（相命十經）：

宋元五經：《鬼谷子分定經》、《邵康節前定數》、《前定易數》、《四字經》、《郭璞數》。

明清五經：《三命通會》、《滴天髓》、《神峰通考》、《欄天綱》、《子平真詮》。

以上十本相命經典，每部都會提及流年，但卻無法提出完整的排列方法，倒是有許多批流年、論流年的內容，尤其是《滴天髓》一書，更是今日許多大師批論流年的內容依據（有些讀者可能無法理解此處所言的排流年、批流年、論流年的差別，倘若如此，可參閱本書上篇第五節的說明）。

以上十本相命經典，都源於中國《易經》，因此，頗為類似易經十翼，以供讀者參考研究：

易經十翼：《彖上》、《彖下》、《象上》、《象下》、《繫詞上》、《繫詞下》、《文言》、《說卦》、《序卦》、《雜卦》等十本書籍。

相命十經：《鬼谷子分定經》、《邵康節前定數》、《前定易數》、《四字經》、《郭璞數》、《三命通會》、《滴天髓》、《神峰通考》、《欄天綱》、《子平真詮》等十本書籍（註：一般市面上常見的《窮通寶鑒》或《造化元鑰》，其實就是《欄天綱》，三者只是書名不同，內容都相同）。

現今社會所盛行的紫微斗數、子平八字（四柱八字）、鐵版神算、梅花易數、奇門遁甲等等，其實就是「相命十經」的具體應用，其中台港兩地最盛行的紫微斗數就是從「子平八字」所簡化演變而來，紫微斗數在所有的相命術當中，可說是較為簡單易懂，只要記住命盤，再將命盤轉來轉去，就可得知一生12宮的吉凶禍福，這12宮分別為父母宮、兄弟宮、田宅宮、官祿宮、奴僕宮、遷移宮、疾厄宮、子女宮、夫妻宮、財帛宮、福德宮、命宮，紫微斗數的12宮，明確而直接觸及人生百態（例如：父母、兄弟、田宅），不像子平八字論及十神的神秘兮兮，這十神分別為正印、偏印、正官、偏官、傷官、食神、比肩、正財、劫財，紫微斗數的12宮當然比子平八字的十神更容易被世人所理解和接受，因此，紫微斗數在最近半個世紀以來，可說是獨領風騷於相命業界，可惜，紫微斗數和「相命十經」一樣，無法快速排流年，必須將命盤反復不斷地轉來轉去千百回，才能勉強排出流年，即使好不容易排出流年，也實在太難於批流年、論流年，因此，許多相命大師都以《滴天髓》來批註流年和評論流年，而《滴天髓》又是古文艱澀難懂又雜亂，難怪許多算命大師也無法排出流年、批流年、論流年，大有「高山仰止，景行行止，雖不能至，然心嚮往之」的感慨，但偏偏有不少世人想要排流年，只好硬著頭皮去瞎排濫充數，誤人子弟莫甚於此，本書就是要教你如何「快又準」地排流年，從此，不再視「流年」為畏途，不再「流年不利」！

「相命十經」和「易經十翼」一樣，都是起源於《易經》，也都是為了「瞭解易經」的最佳輔助書籍。有了「易經十翼」的闡述，會使我們更瞭解《易經》哲理，同樣地，有了「相命十經」的闡述，也會使我們更瞭解《易經》道理，易經十翼大多為儒家文人所著，而相命十經大多為道家文人所著，中國政治體系一向重儒輕道，只有儒家文人才能名正言順到朝廷登大雅之堂，因此，易經十翼也就能夠堂而皇之入學堂，有不少吃皇糧的文人可以更有系統地理出頭緒和條理；反之，相命十經大多為江湖市井小民所著，其中有宦途不順的失意儒者文人，也有不求宦途的道士隱士，更有混飯吃的江湖術士，因此，相命十經具有濃厚的鄉土社會背景因素，否則，無法取信於當時社會一般人的相命願望，更無法讓當時的人們花錢請他們算命賺錢來養家糊口，這就是江湖相命仙的宿命，不像朝廷宰相的達命，同樣都是看相算命的「相」，江湖文人淪為「相命仙」，朝廷文人則是貴為「宰相」，江湖相命仙為尋常百姓算命運，而朝廷宰相則是為皇帝和高官算命運。作者在此之所以強調「相命仙」和「宰相」的不同命運，乃是為了突顯「相命十經」的時空背景已經改變了，宋、元、明、清的相命十經非常具有當時社會的時空背景，我們今日不能照單全收，也不能一成不變，否則，就會「食古不化」地時空錯亂，相命十經有其本質不變的易經內涵，這是值得我們所珍惜的「體質內涵」，但其可變現象的時空因素，則是必須「因時因地」而制宜，否則，就會本末倒置甚至無所適從，這也就是今日許多算命大師不會排流年的主因，他們都是企圖從相命十經、紫微斗數中，尋找出「排流年」的今日答案，其實是找錯了方向，正確方向應該是直接從「《易經》源頭」去尋找，《易經》才是第一手最原始最正確的資料來源，相命十經只是讓我們更瞭解《易經》內涵，也讓我們更瞭解當時社會的現象，因此，必須勇於向「易經」找尋答案，才是正本清源之道，否則，只能自說自話地替人算命，說說道理、耍耍嘴皮，而無法真正排出流年真功夫，這就是算命大師不會排流年的真實原因了，本書就是直接從《易經》找到「排流年、批流年、論流年」的e時代流年法！也就是「以易經為體、以相命十經為輔」的實用流年法！

中國一向重視義理而忽視象數，若以近代學術來劃分，義理派傾向於唯心論，而象數派則是傾向於唯物論；義理派偏重於抽象派，而象數派則是偏重於寫實派。倘若以中國古代的定義，那就是「文勝於質，則為史（正史）；質勝於文，則為野（野史）」，此處所謂的「文」，就是指義理、唯心和抽象；而所謂的質，就是象數、唯物和寫實（實質），套句最通俗的現代用語，就是「一邊講道理，一邊講事實」，義理派者講道理，頭頭是道，固然有一以貫之的正統傳承一體化，但卻容易流於僵硬八股不合時宜，不但列為正史的「易經十翼」有此現象，連列為野史的「相命十經」也存在著不合時宜的通病，因為，能夠被列入相命十經的書籍，大多是自稱為「道統」的文人所作，出自文人之筆，多少總是含有「文勝於質」的傾向，難怪儒家孔子也要感歎「禮失求諸野」，而道家佛家更是主張「不立文字」。因此，今日以相命為職業者，斷然不可以「相命十經」為不二法門，須結合現代時空背景和科學邏輯，才能發揚中國《易經》相命的優良傳統，這就是俗語所言「古體今用」最合時，同樣是算術，古人是屈指而算、算盤而算，今日則是電腦而算，雖然答案都是一樣的，但效率則是大不相同，最重要的，乃是現代人已經無法理解過去老掉牙的八股，例如：算盤、五行、天干地支，而習慣於今日的電腦、數學，總之，過去的算盤已被電腦所取代，過去的甲、乙、丙、丁、戊……已經被1、2、3、4、5……所取代，因此，倘若算命大師仍然只是執著於甲、乙、丙、丁的天干地支，而不願再去學習1、2、3、4的科學易經，那就難怪排不出流年了！本書就是教你如何學習「科學易經」來為現代人排流年、批流年、論流年，當然，相命十經並非一無是處，只是必須重新注入時尚科學的新觀念，那就相得益彰了，事實上，相命十經是博學精通天下事，包羅萬象通八方，以本書所論述的「流年」而言，主要是承襲「邵康節前定數（相命十經之一）」，只不過是把邵康節的甲、乙、丙、丁……改成現代人習慣的1、2、3、4、5……而已，今日所盛行的鐵板神算、梅花易數、皇極天數都是出自邵康節的手筆，今年過世的韋振甫先生，早在十幾年前就被鐵板神算公開推算為「生不過90」和「白髮人送黑髮人」，當時許多人都不信，今日（二〇〇五年）果然應驗成真服為口，源於邵康節的鐵板神算是如此奇準無比，但因鐵板神算也是沿用古老的甲、乙、丙、丁……，並非現代算命大師所能輕易理解，即使理解了，也是非常複雜、費時又不方便，就像使用算盤一樣，因此，謝三河所創立的易經神算就更方便了，不但有邵康節鐵板神算的奇準無比，又有現代科技的方便性。現今所盛行的紫微斗數就是為了簡化「子平八字」而來，結果也是後來居上，取代「子平八字」成為最盛行相命術，今日本書所倡導的易經神算101，也是為了簡化「鐵板神算」而來，當然也受到許多相命大師前輩的肯定與支持，無論是在大陸、在香港、在臺灣，已有不少人接受過「易經神算101」的課程指導，更有不少人看過《學會易經算命的第一本書》（知青頻道出版），有一些讀者認為該書並沒有對流年有充分完整的介紹，因此，本人就順其所願，再著作這本《學流年、命盤，這本最好用》，希望能對大家有所助益，也盼望諸位相命先進的指教是幸，共同為易經相命而引導眾生走出迷津！

本人在寫作本書時，雖然力求以「現代數學」的簡明邏輯來清楚表達「中國相數義理」的複雜論述，但卻自覺太過教條呆板化，幸經上海大師何麗慧以其「有教無類」的啟蒙教育天職，將本書賦予表格化、趣味化、通俗化，因而更適合廣大初學者的入門引導，並且也忠實保留了原版內容的專業正統！

本書作者 謝國華
二〇〇〇年六月

臺北・泰景陽工作室
（008862）7637511
WWW.UNI-WORLD.COM.TW

序言二：兩岸流年向東流，反共愛台新中國

《易經》起源於河圖和洛書，看過河圖和洛書的人都知道它們都是象數的圖形符號，也都是由許多黑點和白點所構成，我本來不知道這些黑點和白點的科學化象徵，直到一九九六年謝國華提醒我，這些黑點和白點就是現代科學所謂的「數位」邏輯概念，而非傳統科學的「類比、線性」，說實在的，我並不像謝國華出身於正規現代化的科學教育，因此，我也無法完全體會「數位與類比」的科學名詞，尤其當我看到謝國華發表「數位易經和資訊e寬頻的關係」論文時，才猛然覺得《易經》是如此先進的科學化源頭，對於這些科學名詞術語，我只是「知其然，並不知其所以然」，但是，對於我所創立的「易經神算」，我可是知之甚詳，並且知其所以然，因此，有不少名人和明星經過我的指點而更上一層樓，在二〇〇四年五月份，臺灣有位知名記者拿著36位政商名流的名單要我幫他們算命，我一看，不禁面有難色地表示：「36位？至少要7個工作天才能算出他們的本命卦。」那位記者催促地說：「是否能趕在3天內完成，價格可以加倍三倍都沒關係。」我回答說：「並不是錢的關係，只是我確實

要花那麼多時間，再多的金錢報酬也無法趕工完成，我看還是非得7個工作天不可。」記者最後還是接受了「慢工出細活」的7個工作天，當我送走記者回到客廳時，謝國華竟然已經拿出36位政商名流的名單，並且逐一寫出他們的本命卦和批卦，如下所示：

1、陳水扁（大壯）：大壯猛衝藏殺機
2、李登輝（蠱卦）：涼秋落葉風雨聲
3、蔣經國（艮卦）：山人自有奇妙計
4、馬英九（賁卦）：亡羊補牢新救星
5、連　戰（噬磕）：咬牙切齒難下手
6、宋楚瑜（困卦）：突破重圍陷泥沼
7、呂秀蓮（鼎卦）：共襄盛舉作嫁衣
8、張學良（姤卦）：不愛江山愛美人
9、郁慕明（否卦）：水若至清則無魚

10、孫中山（蹇卦）：跋山涉水步難行
11、蔣介石（遯卦）：走為上策求安康
12、毛澤東（歸妹）：逞強得勝也悲哀
13、鄧小平（需卦）：識時務者為俊傑
14、江澤明（巽卦）：鴨子划水順利通
15、劉少奇（困卦）：突破重圍陷泥沼
16、林　彪（離卦）：火燒乾柴成灰燼
17、彭德懷（臨卦）：功高震主遭滅頂
18、朱高正（井卦）：化作春泥更護花
19、李　敖（剝卦）：自立山頭難擎天
20、陳文茜（噬磕）：咬牙切齒難下手
21、李遠哲（睽卦）：緣木求魚爭過頭
22、趙少康（咸卦）：性情中人樂逍遙
23、高希均（泰卦）：易地而處更坦然

24、高玉樹（蒙卦）：柳暗花明又一村

25、陳定南（小畜）：臨門一腳欠東風

26、羅文嘉（解卦）：春雷甘雨解旱象

27、陳師孟（震卦）：雷厲風行放高炮

28、顏清標（同人）：四海之內皆兄弟

29、張燦鍙（損卦）：古道熱腸遭雷擊

30、金美齡（蒙卦）：柳暗花明又一村

31、郭台銘（萃卦）：笑納東西南北財

32、辜寬敏（大畜）：光明磊落萬里行

33、許文龍（渙卦）：行雲流水觀馬行

34、王令麟（乾卦）：天外有天人上人

35、許信良（艮卦）：山人自有奇妙計

36、江丙坤（坤卦）：腳踏實地為民生

看完謝國華對於36位政商名流的本命卦，我只是覺得速度太快了，不過兩小時就算出了36個本命卦，當時，我只是佩服其速度之快，但對其準確性仍然心存懷疑，經過我六天不眠不休地推算，其本命卦竟然和他完全相同，此時，我才完全明白謝國華的科學化運算，確實「快速又準確」，當我對他讚賞有加時，他卻謙虛地說：「我完全是根據你易經神算的原理義理，只不過是加以科學化運算罷了，套句俗話，就是以易經神算為體，科學運算為用，體用相結合，就是易經神算101。」謝國華接著說：「你今日誇我算得快又準，我卻對你一九九九年的預言印象深刻，在一九九九年你就預言二〇〇〇年、二〇〇四年陳水扁會當選總統（見易經神算第68頁），結果全部應驗，今日，你對兩岸流年有何新預言？」我回答說：「你去年對36位政商名流的預言，今年也全部應驗無誤，例如：大壯卦陳水扁即將以柔軟身段去迎戰馬英九，因而推出『協調內閣』謝長廷；剝卦李敖雖然當選立法委員，反而迅速剝落失光彩；坤卦江丙坤將以財經專長活躍於兩黨和解中；小畜卦陳定南終於以龜毛部長的名義再回頭選縣長。」謝國華打斷我的話說：「我對36位政商名流的命運預言就留給讀者去公論和見證吧！你還是快點道出兩岸今年、明年的流年情況如何？」我發覺非得趕快回答不可，便簡潔回答：「兩岸流年新形勢，反共愛台新中國。」謝國華追問：「願聞其詳！」我說：「天機不可洩露，我只能隱示如下：誰先高喊反共愛臺灣，誰就得天下。」謝國華若有所思地說：「以前老蔣是反共救國軍，今日則是反共愛臺灣、反共救中國，一切盡在易經神算掌握中！」我心中在想，人的命運有流年，國家命運也有流年，形勢比人強，順其流年者強，逆其流年者弱，因此，奉勸大家還是認真研讀謝國華的這本流年新著作，學會流年、知流年，才能知所進退有福分！套句話就是「與時俱進」吧！位於東西兩岸的中國新形勢將是「東風壓倒西風」的新流年，中國兩岸在往後12年將是「反共愛臺新中國」的流年大趨勢！一切盡在易經神算掌握中，就看誰能掌握先機大喊「反共愛臺新中國」！

我在一九八九年將歷代祖先遺留下來的易經命理取名「易經神算101」，後來（大約是一九九三年）有幸認識來自臺灣的謝國華，彼此幸會有緣於命理玄機探命運，尤其謝國華畢業於臺北科技大學，以其深厚的科學知識，為我所創立的易經神算注入了現代科學新活力，不但傳承了中國固有命理的淵源，也開啟了科學論命的普及大眾化，其中也包括了謝國華所創立的「國曆西元÷8=陰曆」的義理象數轉換，雖然

「÷8」早為中國一些相命術所採用（例如：梅花易數、鐵板神算），但是，真正具體應用於「陽曆、陰曆轉換」的原創者，應該就是謝國華了，如此，不但克服了長久以來所存在的「陰、陽曆」困擾，讓現代人更容易進入中國固有命理的深奧殿堂，同時，也架起了「東西方相術」的橋樑，套句現代用語，就是架起了東西方相術的平臺，如此，世界時間流年就統一了，就像格林威治時間一樣地放之四海皆準，因此，謝國華這次所發表的這本流年書籍，就是放之四海皆準的命理流年，彌補了中國相術「偏重於空間靜態的五行相生相剋，而疏忽時間動態的星座天體運行」的動態流年！

易經神算創始人　謝三河

杭州西湖，兩岸上島咖啡館

二〇〇五年七月二十日

序言三：關於《學會易經算命的第一本書》的疑點解答

本人拙著《學會易經算命第一本書》於二〇〇四年出版以來，有幸獲得不少讀者的喜愛，其中也不乏算命業者的肯定，使本人倍覺欣慰，但也有不少讀者提出許多寶貴的疑點，謹將其中最普遍共通的疑點公諸於下：

讀者問：書中所提出生年月日為陽曆，其道理何在？

作者答：該書易經神算採用陽曆，其道理可見本書第64頁。

讀者問：書中所提姓名筆劃數為何和現今普遍通行的版本有所不同？

作者答：該書所提「姓名筆劃數」採取清朝康熙字典的版本，因此，當然和現今流行的通俗版本有所不同。康熙字典最常被誤解的筆劃數可參閱本書附錄F。

讀者問：該書曾列舉了36位政商名流的命運卦名和卦象，其準確度令人激賞，是否能夠再多舉一些名人作為例子。

作者答：本人在該書中，不但提及36位政商名流，也提及「亂世為人36計」，可見本人在寫作該書時，著重的內涵是64卦和36計36名人的對應概念，並非針對某某名人而來，因此，本人並不想多舉一些名人來公開闡述他們的命運卦理，該書本來也可以用36位市井小民為例，但因顧及市井小民的事蹟並不為絕大多數讀者所熟知，以致無法瞭解易經卦理，因此，該書就以大家熟知的36位政商名流作為易經64卦的輔助說明，因為該書的宗旨在於介紹易經卦理，並不在於介紹政商名流，政商名流只不過是作為易經卦理的輔助說明罷了！

讀者問：您在該書曾批露謝三河早在一九九八年就精準預測陳水扁將於二〇〇〇年和二〇〇四年分別擊敗宋楚瑜和連戰，並且預測馬英九為首的團隊將在二〇〇八年再度擊敗陳水扁為首的團隊，其玄機何在？

作者答：其玄機盡在他們四人之卦象流年（見該書第18頁），困卦宋楚瑜和噬嗑卦連戰當然擋不住大壯卦的陳水扁，而陳水扁也必將敗在賁卦馬英九的「以柔克剛」（參閱該書第20頁），當然，臨機應變的登高一呼最能搶得先機，其勝算玄機在於二〇〇〇年、二〇〇四年的致勝玄機口號為：愛臺、不賣臺，而二〇〇八年的致勝玄機口號為：反共保臺灣！

二〇〇八年的總統大選，乃是高手對招看氣勢，誰能高喊「反共」，誰就能掌握氣勢得大位，以前是「愛臺不賣臺」，未來則是「反共不反中」！

學會易經算命的第一本書

作者：謝國華

目錄

下篇：批流年、論流年的實際內容……118

【本篇概論】

附錄篇：

36位政商名流的共同見證

・陳水扁・李登輝・蔣經國・馬英九・連　戰・宋楚瑜・呂秀蓮・張學良・郁慕明
・孫中山・蔣介石・毛澤東・鄧小平・江澤民・劉少奇・林　彪・彭德懷・朱高正
・李　敖・陳文茜・李遠哲・趙少康・高希均・高玉樹・陳定南・羅文嘉・陳師孟
・顏清標・張燦鍙・金美齡・郭台銘・辜寬敏・許文龍・王令麟・許信良・江丙坤

由於本書多處引用《學會易經算命的第一本書》的內容，因此，就以「易經算命」來簡稱該書，以求簡明扼要不浪費篇幅。

上篇：

八字・流年・命盤的基本命理常識

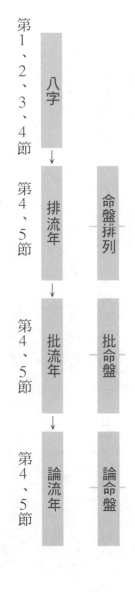

【本篇概論】

本篇的目的在於宏觀、全面、簡要地敘述「流年」的全部流程，以便讓讀者對於流年有個清晰輪廓，才不至於茫茫然不知從何著手。

	八字	→ 排流年	→ 批流年	→ 論流年
命盤		命盤排列	批命盤	論命盤
章節	第1、2、3、4節	第4、5節	第4、5節	第4、5節

本書第1、2、3、4節詳述了八字的密碼和解碼（解讀），尤其提出了現代人所能理解的「新八字」，不論是新八字或老八字，其解讀的最終結果就是易經64卦的其中一卦（例如大有卦），真可謂是異曲同工、殊途同歸，體現了《易經》精神的「萬源歸宗」。

第4節敘述了八字和流年的關係，其主要觀點就是「八字是流年的基礎」，有了八字才能排流年。

第5節則是列出了排流年、批流年、論流年的所謂流年3步曲，理清了人們對排流年、批流年的長期混淆誤解。

第6、7兩節敘述了排流年的兩大法則，一為易經爻變卦的原理（第6節），一為宋朝邵康節的皇極經世（第7節）。

本篇章的主要作用在於讓讀者全盤掌握「流年」的全部流程步驟，至於詳細的排流年法則，請參閱本書中篇；而詳細的批流年、論流年法則，則可參閱本書下篇。

一、八字密碼：八字就是八個「文字或數字」

幾乎每個人都聽過「八字」，但卻很少人知道八字的由來，其實八字就是「以八個字來代表你的出生年月日時」。茲詳述如下：

我們常說，某某人的生日為1936年6月15日，或者說某某人的出生時間為1936年6月15日下午2時15分，總是以阿拉伯數字（0、1、2、3、4、5、6、7、8、9）來形容某年某月某日某時某分，但中國古老傳統的表達方式卻不以阿拉伯數字（0、1、2、3、4、5、6、7、8、9）來表達，而是以天干（甲、乙、丙、丁、戊、己、庚、辛、壬、癸）和地支（子、丑、寅、卯、辰、巳、午、未、申、酉、戌、亥）來表達，例如：

◎例一：1917年2月15日23點50分，就表達為：

丁巳年、癸卯月、己酉日、甲子時

圖示如下：

	天干	地支
天柱	丁	巳
月柱	癸	卯
日柱	己	酉
時柱	甲	子

至於1917年2月15日23點50分如何表達丁巳年癸卯月己酉日甲子時，其實很簡單，只要查看「萬年曆」的對照表，由於本書並不以「天干地支」來論命運，因此此

處就不詳細討論這個對照表，倘若讀者有興趣，可在書店買到萬年曆，就可輕易查出「國曆西元年月日時」和「天干地支」的對照表。

◎例二：1983年7月20日凌晨40分，就表達為：

癸亥年、庚申月、戊子日、壬子時

圖示如下：

	年柱	月柱	日柱	時柱
天干	癸	庚	戊	壬
地支	亥	申	子	子

在例一中，丁巳、癸卯、己酉、甲子，共有八個文字。

在例二中，癸亥、庚申、戊子、壬子，也是八個文字。

由於中國古法傳統都以八個字來表達一個人的出生年月日時，因此就把生日時辰叫做八字，八字、八字、八字，原來就是代表你的出生年、月、日、時。

在例一，丁巳、癸卯、己酉、甲子，共有四組。

在例二，癸亥、庚申、戊子、壬子，也是四組。

在中國古法傳統中，總是以四組文字來代表出生年、月、日、時，因此有時也把生日時辰叫做四柱。

從以上敘述可知中國把生日時辰定為「年」、「月」、「日」、「時」四組，因此叫做四柱，分別為年柱、月柱、日柱、時柱，而每一柱都以兩個文字（例如丁巳、癸卯、己酉、甲子）來代表，每柱為兩個字，四柱為八個字，因此就叫做八字。

阿拉伯數字：0、1、2、3、4、5、6、7、8、9
天干：甲、乙、丙、丁、戊、己、庚、辛、壬、癸
地支：子、丑、寅、卯、辰、巳、午、未、申、酉、戌、亥

我們已經習慣於用阿拉伯數字（0、1、2、3、4……）來表達某年某月某日某時（例如1936年），而不會用天干地支（甲、乙、丙、丁……）來表達（例如甲午

年），這種古法、今法的差異，有點類似古代用甲骨文，而今日用白話文；今日用電腦，古代卻用算盤，舉例如下：

天干地支 甲、乙、丙、丁……	↔	阿拉伯數字 0、1、2、3……
甲骨文	↔	白話文
算盤	↔	電腦
馬車	↔	汽車

許多古代的東西固然有其實質內容，但卻逐漸喪失其實用性，例如：算盤是不錯的，但近代電腦卻更方便又快速，因此用甲、乙、丙、丁……來表達某年某月，不如用1、2、3、4、5……來表達，今日的你我，實在沒有必要再去學習甲、乙、丙、丁，總之，你只要知道：

八字：就是表達生日時辰的8個文字（甲、乙、丙、丁……），當你知道了中國

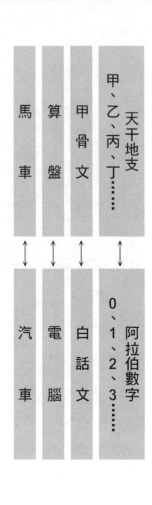

古法傳統中的八字之後，本書就會告訴你，何謂傳統老八字和現代新八字，先開宗明義直述如下：

老八字：「丁卯」年「癸卯」月「己酉」日「甲子」時。

新八字：「1917」年「02」月「15」日。

老八字就是：「丁卯」「癸卯」「己酉」「甲子」8個文字。

新八字就是：「1917」「02」「15」8個數字。

中國許多相命術（紫微斗數、子平八字……）都是依據老八字（甲、乙、丙、丁……）來做排列組合，固然有其科學可信度，但卻過於古老、複雜不易懂，就像中國古老算盤也非常有科學可信度，但卻過於古老、複雜化，以致被電腦所取代，基於同樣道理，老八字也將被新八字所取代。

算盤	↔	電腦
天干地支 甲、乙、丙、丁……	↔	阿拉伯數字 0、1、2、3……

老八字 ↔ 新八字

當新八字取代老八字時，或許心中會有一些疑問：

弟子問：老八字含蓋年、月、日、時，例如1936年8月11日23點40分30秒；而新八字只含蓋年、月、日，新八字只論到「日」而不論及「幾點幾分幾秒」，是否會有不足之處？

師父答：中國算命史上最會排流年的，就是北宋邵康節的《皇極經世》，他塑造了中國相命術的象數門派，足以和義理派相命術相比美，說得更恰當些，就是「相得益彰」，甚至是「有過之而無不足」，邵康節在《皇極經世》一書中，不但論流年，而且也論「流元、流會、流運、流世、流年、流月、流日、流時、流分、流秒」（參閱本書第53頁），他認為：

大宇宙著重：流元、流會、流運、流世（萬年曆）。

凡人類著重：流年、流月、流日（年月日）。

微生物著重：流時、流分、流秒（時分秒）。

因此，易經神算認為：論及凡人的流年時，只能論及年、月、日，不能妄大為千年、萬年、萬萬年，也不能斤斤計較於時、分、秒（參閱本書112頁），所以，本書論及流年八字時，只論及「年、月、日」，就是根據凡人實際狀況而特別訂定的，不但沒有不足之處，也無過大之處，可謂恰如其分最合適。

弟子問：新八字是採用陰曆或陽曆？

師父答：新八字是採用陽曆（國曆），其原因可參閱本書64頁。

弟子問：新八字採用了國曆西元，但其命理卻採用中國易經的命理，也就是說「象數」採用西洋西元，但義理卻採用中國易理，是否會有「象數」和「義理」相矛盾之處。

師父答：新八字雖然採用國曆西元作為計量取樣，但其實質內涵仍然為「中國象數」，因為所有國曆西元都必須「除以8」才有意義，「8」就是中國象數的代表內涵實質，例如八卦就是其中一例，也是所有象數的源頭，你若仔細推敲阿拉伯數字1、2、3、4、5、6、7、8、9、0，表面上為十進位，其實，它的實質內涵仍然為8進制，茲圖示如下：

1234567890

如果你仔細觀察，就可發現8乃是「上面一個0，下面一個0」，9乃是「上面一個0，下面一個1」，如此，也就變成012345670001。

因此，8是另外一個0的輪迴，所以，此輪迴的8，等於下一輪的0；此輪迴的9，等於下一輪的1，以「代數」表述如下：

8→0

9→1

因此，阿拉伯數字表面上為0、1、2、3、4、5、6、7、8、9，但其內涵卻為0、1、2、3、4、5、6、7、0、1。

所以，新八字雖然以西元國曆為採樣數字，但若將「西元國曆數字」除以8之後，也就變成具有中國易經八卦義理了，如此也就不會產生「象數」和「義理」相矛盾的現象了！

陽曆÷8＝陰曆

弟子問：陰曆、陽曆之說顯然是一個天文問題，不是簡單的人文問題，因此，你是否可以再解釋清楚一些。

師父答：陰曆、陽曆之說確實有點陰陽怪氣太難懂，不過，你可參閱本書64頁的說明，或許會給你更明確的答案，否則，就得另闢章節來專門討論了！

不過，我倒是想問你幾個實際問題，例如1910年11月8日的八字為何？

弟子答：19101108，八個數字。

師父答：636年7月29日的八字為何？

弟子答：06360729，八個數字。

師父說：回答得很好，倘若還想進一步瞭解「新八字」，可參閱本書第31頁。

八字
- 新八字
  1936年03月18日（生日）
  新八字為19360318八個數字
- 老八字
  丁巳年癸卯月己酉日甲子時（生日）
  老八字為丁巳癸卯己酉甲子八個文字

紫微斗數
子平八字
↓
老八字的排列組合（幾何）

鐵板神算
梅花易數
易經神算
↓
老八字的排列組合
↓（算術）

二、八字解碼：八字，就是一個「易經卦名」

在前一節，我們已知老八字為甲、乙、丙、丁、戊……，例如：丁巳、癸卯、己酉、甲子；而新八字為1、2、3、4、5……，例如：1917、02、15，由於本書易

經神算採用新八字，因此，我們就直接稱呼新八字為八字，八字就像是密碼一樣的一串數字（例如19170215），必須經過解碼，才能知道它的含義，《易經算命》53頁就是介紹如何解讀。

例一、陳水扁的八字密碼為19510218，經過易經神算後，得知其本命卦為「蒙」卦（參閱《易經算命》第68頁）。

例二、馬英九的八字密碼為19500713，經過易經神算後，得知其本命卦為「既濟」卦（參閱《易經算命》第77頁）。

因此，馬英九的八字密碼為19500713。

經過解讀之後，他的八字內涵就是「既濟」卦。

八字密碼（例如19510218或19500713）只是一連串的數字，必須經過解讀，才能得知其真實意義內涵，每一組八字密碼都可解讀為一個易經卦名（本書採用64卦卦名）。

由於本章節只是簡單基本介紹名詞和觀念，並不詳述其原理和解碼過程，因此，倘若讀者有興趣進一步瞭解，可參閱《易經算命》第53頁，此處就不再重複。

八字密碼＝例如：19510218

八字解碼＝例如：蒙卦

三、八字就是你的命運密碼（8位數）

八字也是你的命運名稱（8×8=64個易經卦名）

每個人都有身分證號碼和名字；而每個人的命運也同樣有命運密碼和命運名稱，易經使這些密碼變得有意義，這就是命運密碼和命運名稱。

命運密碼＝八字密碼，例如19510218

命運名稱＝八字解碼，例如：蒙卦

四、有了八字就能排流年

八字必須經過解讀成為一個卦名（例如蒙卦），根據這個卦名就可依此卦名為起點，而排出一生流年、流月、流日的命運命理。

生日	→	八字密碼	→	八字解碼	→	排流年
1951年2月18日		19510218		蒙卦		流年

本章節只是介紹基本名詞和觀念，因此，如何排流年，請參閱本書第60頁，此處不再多言。

八字	→	命	命也
流年	→	運	運也
占卜	→	時	時也

五、流年三步驟（一排二批三評論）

（排流年、批流年、論流年）

我們一般都會聽到排流年或者批流年，好像兩者是一回事，其實還是有差別；茲敘述如下：

第一步：排流年

把每一年的命運都安排一個易經卦名，例如

1歲為漸卦

2歲為小畜卦

3歲為益卦

．

．

．

60歲為同人卦

．

99歲為賁卦

第二步：批流年

既已排出流年卦名，就對該卦進行簡單的眉批或批評，而不長篇大論。批流年的眉批內容通常不超過二十個字，批流年的眉批內容最典型的代表就是周文王對於卦詞的解釋，也就是世人通稱的「卦詞」，當然諸子百家也有不同版本的眉批解釋，各有其獨到之處，讀者只要記得：批流年就是簡單扼要地眉批，每一年的命理眉批通常不超過20個字，而最典型的眉批代表作就是周文王的「卦詞」眉批解釋，至於有關「批流年」的進一步敘述，可參閱本書第118頁。

排流年	→	批流年
安排卦名 （最多為2字） （易經64卦名）		簡單眉批 （最多為20字） （周文王卦詞）

第三步：論流年

批完流年，可以針對其中最關心的那幾年進一步地評論一番，由於一生流年往往只是70年、80年、90年，甚至100年，因此，不可能針對每一年都詳加評論，只能選擇其中幾年來評論，因此，論流年就要儘量詳細了，其內容字數就不受限了，可能是百字、千字或萬言書。

排流年	→	批流年	→	論流年
2字		20字		百字、千字、萬言書

六、易經爻變卦的流年變化

中國人對於命運命理的推算主要的兩大基礎就是生辰八字和易經八卦：

命運命理 ＝ 生辰八字 ＋ 易經八卦

舉凡紫微斗數、子平八字、鐵板神算、梅花易數、皇極天數等所有的命運相術，都是八字和八卦的排列組合或算術運算，中國相命術雖然有所謂「象數」派和「義理」派兩大派系，其實比較客觀、公正的說法，應該是「所有相術都是象數和義理結合」，只不過有些相術著重於義理（例如：紫微斗數、子平八字），而有些相術著重於象數（例如：梅花易數、鐵板神算），其實所有相命術的共同特點都是以八字來作為象數的基礎，並且以易經八卦作為義理的基礎。

生辰 → 象數的基礎

易經 → 義理的基礎

易經八卦既然是中國相命的義理根源，當然有著太多太多的命運命理，例如卦詞、爻詞、64卦序、五行相生相剋、彖傳、象傳、繫傳、文言、說卦、序卦、雜卦和主卦、互卦、錯卦、綜卦、爻變、卦比卦、鄰卦、應卦、乘卦、承卦等……，可以說是浩瀚如汪洋深不可測，但在論及各門各派的相命術之時，只能「取其適吾口者」為之，因此，本書在論及流年之術時，也只能為本書讀者介紹「流年有關的易經八卦」，就是易經的「爻變卦」。

命運流年 → 易經爻變卦

易經八卦的卦象和卦歌如下：

乾 ☰ （乾三連）

坤 ☷（坤六斷）

震 ☳（震仰盂）

艮 ☶（艮覆碗）

離 ☲（離中虛）

坎 ☵（坎中滿）

兌 ☱（兌上缺）

巽 ☴（巽下斷）

當易經八卦碰上阿拉伯數字時，其關係為：

乾1，兌2，離3，震4，巽5，坎6，艮7，坤8

弟子問：為何「乾」為1，「兌」為2，「離」為3……

師父答：欲知詳情，請參閱「易經算命」43頁。

遠古時代，原始人類只有「是」與「非」兩種狀態，那是一個簡單、純樸的「陰陽」世代，但人類自作聰明、自作孽，變得是非不分，才有八卦的八種狀態，但畢竟還是「是中有非，非中有是」，勉強尚能辨別是非，人類在經過「八卦」世代之後，變本加厲更複雜，已非八種狀態的八卦所能分類涵蓋，因而又有了更複雜的64卦，代表64種狀態，這時，一般凡人已經無法靠「人情、常識、常規」來辨別是非論吉凶，只有依靠專業又神秘的巫師卜卦師了，這64卦就是八卦的重複相疊（8×8＝64），今日所謂的易經八卦，通常就是64卦，它是由兩個「八卦」組合而成，如下圖所示（以泰卦為例）：

☷ ｝上卦（外卦），坤卦（8）

☰ ｝下卦（內卦），乾卦（1）

上面例子所述的「泰」卦就是由坤卦和乾卦所組合而成，位於其上者，稱之為上卦（又稱外卦），位於其下者，稱之為下卦（又稱內卦），而其卦數就是81。根據以上「泰」卦為例，本書在此列舉所有64卦的卦名、卦象和卦數，如表一所列。

表一：64卦的卦名、卦象和卦數：

上卦／下卦	乾☰（天）1	兌☱（澤）2	離☲（火）3	震☳（雷）4	巽☴（風）5	坎☵（水）6	艮☶（山）7	坤☷（地）8
乾☰（天）1	乾	夬	大有	大壯	小畜	需	大畜	泰
兌☱（澤）2	履	兌	睽	歸妹	中孚	節	損	臨
離☲（火）3	同人	革	離	豐	家人	既濟	賁	明夷
震☳（雷）4	無妄	隨	噬磕	震	益	屯	頤	復
巽☴（風）5	姤	大過	鼎	恆	巽	井	蠱	升
坎☵（水）6	訟	困	未濟	解	渙	坎	蒙	師
艮☶（山）7	遯	咸	旅	小過	漸	蹇	艮	謙
坤☷（地）8	否	萃	晉	豫	觀	比	剝	坤

由表一可知，64卦的卦數和卦名如下：

11（乾），12（履），13（同人），14（無妄），15（姤），16（訟），17（遯），18（否）

21（夬），22（兌），23（革），24（隨），25（大過），26（困），27（咸），28（萃）

31（大有），32（睽），33（離），34（噬磕），35（鼎），36（未濟），37（旅），38（晉）

41（大壯），42（歸妹），43（豐），44（震），45（恆），46（解），47（小過），48（豫）

51（小畜），52（中孚），53（家人），54（益），55（巽），56（渙），57（漸），58（觀）

61（需），62（節），63（既濟），64（屯），65（井），66（坎），67（蹇），68（比）

71（大畜），72（損），73（賁），74（頤），75（蠱），76（蒙），77（艮），78

（剝）
81（泰），82（臨），83（明夷），84（復），85（升），86（師），87（謙），88（坤）

64卦的每一卦都是由六個爻所組成，以泰卦為例：

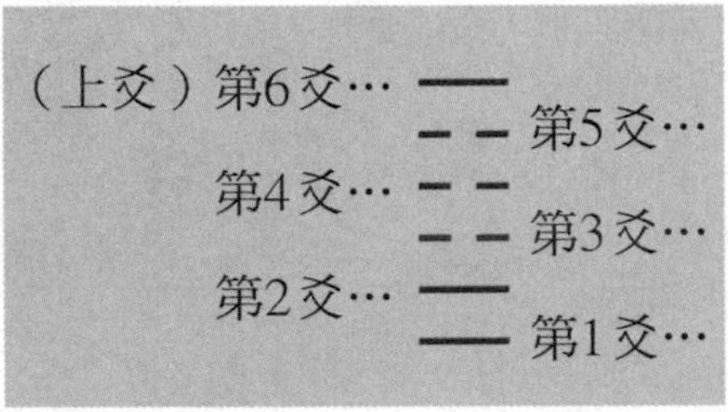

其中的第1爻，又稱為初爻；第6爻又稱為上爻。

易經之所以稱為「易」，就是指「變易、容易、不易」的三重意思，而著重於「變易」，因此，「卦」是會「變」的，這就是所謂的「變卦」，例如：主卦、互卦、錯卦、綜卦、爻變卦等，由於本書主題為流年，因此只論及和流年有關的「爻變卦」。

所謂「爻變卦」，就是其中的一爻由陰爻變成陽爻（或者由陽爻變成陰爻），以泰卦為例：

基本卦（泰卦） ䷊ 初爻變 → ䷭（升卦），85

基本卦（泰卦） ䷊ 初爻變 → ䷣（明夷），83

基本卦（泰卦）䷊ 初爻變 ↓ ䷒（臨卦），82

基本卦（泰卦）䷊ 初爻變 ↓ ䷡（大壯），41

基本卦（泰卦）䷊ 初爻變 ↓ ䷭（需卦），61

基本卦（泰卦）䷊ 初爻變 ↓ ䷭（大畜），71

爻變卦通常是指事情由初期到終期的變化，例如：

初爻變：初期變化

二爻變：第二期變化
三爻變：第三期變化
四爻變：第四期變化
五爻變：第五期變化
上爻變：晚期變化

以「泰」卦為例，「泰卦」的初期變化為升卦，而晚期則是變化為大畜卦。

由於「爻變卦」代表初期、中期、晚期的變化，因此，宋朝邵康節的皇極天數就以爻變卦作為流年的基礎，本書易經神算也正是傳承了此一古體古法，並充分利用現代的數學邏輯，可說是「古體今用」的古今結晶！

七、宋朝皇極天數的流年排列

在相命十經（見本書第3頁）及其所衍生的各種相命術（例如：紫微斗數、子平八字…），其中最具體論及流年的代表經典之作是北宋邵康節的《皇極經世》一書，《皇極經世》經過多年的發展演變，最後分為兩個派別體系，一為皇極天數（又稱洛陽派），一為鐵板神算（又稱江南派），本書易經神算主要是根據邵康節皇極經世、皇極天數和鐵板神算的命理流年法則，再輔之以現代數學邏輯，而成為一套「古體今用」的流年實用法。邵康節論流年也是以易經爻變卦為推演流程，茲簡述綜結以下：

以先天八字算出本命卦；以本命卦為基本卦，逐次推演出十年卦、一年卦（流年卦）、流月卦、流日卦。茲表列如右：

十年卦（以本命卦為基本卦）

初爻變	二爻變	三爻變	四爻變	五爻變	上爻變
1~10歲	11~20歲	21~30歲	31~40歲	41~50歲	51~60歲
61~70歲	71~80歲	81~90歲	91~100歲	101~110歲	111~120歲

一年運（以十年運為基本卦）

初爻變	二爻變	三爻變	四爻變	五爻變	上爻變
1歲	2歲	3歲	4歲	5歲	6歲
7歲	8歲	9歲	10歲	太極	太極

一月運（以一年運為基本卦）

初爻變	二爻變	三爻變	四爻變	五爻變	上爻變
1月	2月	3月	4月	5月	6月
7月	8月	9月	10月	11月	12月

一日運（以一月為基本卦）

初爻變	二爻變	三爻變	四爻變	五爻變	上爻變
1日	2日	3日	4日	5日	6日
7日	8日	9日	10日	11日	12日
13日	14日	15日	16日	17日	18日
19日	20日	21日	22日	23日	24日
25日	26日	27日	28日	29日	30日
31日	太極	太極	太極	太極	太極

本章節簡要概述了流年排列法，至於詳細、具體的流年、流月、流日推演法可參閱本書中篇。

八、命盤排列法

流年和命盤所要表達的內容是一樣的，只是表達方式不同罷了，就像同樣一堆蘋果，有人表達為「100個蘋果」，有人表達為「10箱蘋果（一箱為10個）」。以現代數學模式來說，流年是「線」（LINE）的一度空間，只有「排」（COLUMN），沒有「列」（ROW），故曰「排流年」；命盤則是「面」（AREA）的二度空間，既有「排」（COLUMN），又有「列」（ROW），故曰「命盤排列」。

流年	命盤
線（LIME）	面（AREA）
一度空間（排）	一度空間（排、列）
排流年	命盤排列

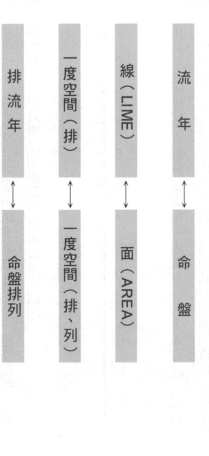

例如：1、2、3……到99的表示法，若以一度空間的「線」來表述時，就會出現「線太長」，以致無法用紙張畫面來表述，例如：

1
2
3
4
5
6
7
8
9
10
11
12
13
14
……
99

由於一度空間的直線無法滿足「大數量」的表達方式，因而才有二度空間的「排列」縱橫矩陣（MATRIX），其實，易經八卦所謂的重卦（重複卦）就是二度空間的排列組合法，一排有8個卦，一列也有8個卦，「排」與「列」重複組合排列，就變成8×8=64卦，這就是八卦變成64卦的排列法。正如上述1、2、3……到99無法以一度空間的直線方式來表達，因而才有二度空間的排列組合法，茲排列如下：

90	80	70	60	50	40	30	20	10	0
91	81	71	61	51	41	31	21	11	1
92	82	72	62	52	42	32	22	12	2
93	83	73	63	53	43	33	23	13	3
94	84	74	64	54	44	34	24	14	4
95	85	75	65	55	45	35	25	15	5
96	86	76	66	56	46	36	26	16	6
97	87	77	67	57	47	37	27	17	7
98	88	78	68	58	48	38	28	18	8
99	89	79	69	59	49	39	29	19	9

由以上敘述，可知流年和命盤其實是一樣內容的兩種不同表達方式，因此，本書在中篇敘述了十年運（大運）、一年運（小運）、一月運、一日運的變化流程，就統稱為「排流年」，不只排流年，也排流月，也排流日，既已排出流年、流月、流日，就可進一步轉化為二度空間的命盤，以便更一目了然！

中篇：

排流年的實際步驟

【本篇概論】

由生日採集八字

↓

由八字算出身世卦（本命卦）

↓

由身世卦算出十年卦（大運卦）

↓

由十年卦算出流年卦（小運卦）

↓

由流年卦算出流月卦（日常卦）

↓

由流月卦算出流日卦（月經卦）

↓

流時、流分、流秒靠卜（時機卦）

本篇各章節將根據宋朝邵康節皇極天數、鐵板神算、梅花易數的命理天數，簡明扼要地總結歸納，目的在於讓現代人能以現代數學化的科學態度，輕鬆學會古代易經八字流年的浩瀚命理，正如愛因斯坦所言：「簡單就是偉大。」也正如易經所揭示的「易者，簡易、容易也。」現代科學本來就是化繁為簡的法則公式！庸人自擾於中國古代天干地支的天昏地暗，庸人自擾於泥古不化的金、木、水、火、土，智者要勇於發揮天干地支的實質意義，但不怯於使用1、2、3、4、5……來表達天干地支的五行實際意義，正如中國陰陽兩極論的八卦易經，固然有著人類最深厚的學術實質，但愛因斯坦的相對論卻勇於揭開易經兩極論的神秘面紗；現代電腦網路不但是陰陽二進位兩極化的科學化產品，也是中國古代算盤的科學智慧結晶，中國算盤被IBM電腦發揮得淋漓盡致，中國紫微斗數子平八字的面盤命理，也將同樣被現代科學發揮得更簡單更準確，這就是謝三河所創「易經神算101」的可貴之處（請參閱知青頻道出版的《學會易經算命的第一本書》），讀者心中要有中國易經命理的哲學涵養，手中更要有近代科學的手法，才能得心應手於中國命理所在的趨吉避凶而有好運，此時，讀者便可誠心且單純的閱讀以下各章節，就會有感於自己的流年運氣是如此順乎自然不強求、心平氣和不焦慮。流年不利於不自知者，年年有餘於自知者；知道了自己的流年運氣，並且順其自然而為，該進則進就是吉，這就是所謂的「進吉」；該退則退，這就是所謂的「避凶」；保持平平中等的狀態時，就要靜待其變，這就是所謂的「平靜」，排流年之目的在於進吉、避凶、平靜的自然而為，並非無所而為的「漠然」，也不是無所不為的「冒然」，而是有所為有所不為的「自然」！只要心平氣和面對自己流年的吉凶禍福，就能「萬物靜觀皆自得」，現在，就以輕鬆、單純的心態來學習排流年知運氣吧！

一、由生日採集八字

【古法依據】：北宋邵康節的皇極經世和皇極天數。

根據國曆西元的出生年月日，採集八個數字（其命理詳見本書第26頁），就是所謂的「八字」！

年份為4位數，月份為2位數，日份為2位數（不足位數者，以0補之）。

例如：1936年1月8日，其八字為19360108。

2002年12月16日，其八字為20021216。
986年3月15日，其八字為09860315。
1253年10月6日，其八字為12531006。

弟子問：傳統中國算命皆以陰曆為主，此處卻以國曆為依據，是否有誤？理由何在？

師父答：此處確實以國曆為依據，並非筆誤。陰曆、陽曆本無實質差異，因此，坊間常見陰曆、陽曆之對照表，可見兩者乃是一體兩面的相同內涵，正如一塊布的長度，有人以公制公尺為單位，有人以英制英呎為單位，只要認清公制或英制便不會陰錯陽差。易經本是陰陽所生成，不只論陰，也論陽；不只論陰曆，也論陽曆；不只論月亮（陰曆），也論太陽（陽曆）；不只論東方（中國），也論西方（洋人）；不只論農業（陰曆），也論工業（陽曆）；不只應用於佛教、道教，也應用於回教、基督教，因此，基於中國易經而衍生的紫微斗數、子平八字、風水方位，不但可用陰曆為時間橫軸，也可用陽曆為時間縱軸，縱橫就是宇宙之經緯，經緯縱橫的交錯整合，本是天地渾然成一物，只要掌握太極不變的溯本清源，陰陽只不過是太極生兩儀的一體兩面，何必庸人自擾於陰陽之聲色外形呢？因此，陰曆、陽曆本相同，何必庸人自擾之。

況且，今日為工商業的科學時代，已非過去的農、漁、牧業主體，農業社會的作息主要依據月圓、月缺而耕種，因此，陰曆和農業生態是形影相隨，而今日工業時代、就不如此倚重月圓、月缺了，眾所周知，陽曆日益普遍而實用，中國命理所依據的易經，固然給人一種「不易」的古老不改變印象，其實，其核心價值是「變易、更易」的變通應變，因此，中國命理相命師一定要勇於面對歐美主宰現代世界六百年的現實，勇於接受陽曆西元為主體，才能達到「窮則變，變則通」的易經變化之道，否則，食古不化只能故步自封於井底之蛙，即使自鳴得意哇哇叫，也只不過是閒雲野鶴的田園自樂，無法面對現實社會的經世濟民引迷津！

以農業社會的陰曆來算命，固然不失傳統淵源，但若不敢面對現實的陽曆時運，總是會有老人心態的緬懷輝煌，而欠缺朝氣陽春的吉祥普照，進吉總比避凶更積極，開運總比避邪更令人欣喜，這就是開放整合e世代的生存發展之道，可惜，今日不少算命者淪為不學無術之人，只是偷懶不長進，一味拿著古代已過時的命理老教條，就像是拿著古代算盤要教人算術，殊不知現在已是電腦當道，算盤早已過時；因此，當許多人都在使用電腦時，倘若還有人用算盤，算盤必被電腦所淘汰，但是算盤並沒錯，就像今日許多中國算命者的陰曆羅盤算命也沒錯，只是速度太慢、太複雜，以致一般人難以瞭解，因而無法掌握自己命盤命運，甚至陷入不肖相命業者的煙霧迷陣而失財、失色、失理智！

古體	↔	今用
算盤	↔	電腦
命盤排列	↔	算術公式

文言文	↔	白話文
曲指而算	↔	易經神算
馬車	↔	汽車
夢想	↔	成真
陰曆	↔	陽曆

古體今用兩相成，博古通今知未來

二、由八字算出身世卦（本命卦）

【古法依據】：鐵板神算（宋朝）、易經（周朝）

身世卦的演算法

1、將八字分為年、月、日三組數目，並算出其基數。

基數的演算法為：數目除以8，以其餘數作為基數。

例如：1936年1月7日，其八字為19360107，其年數為1936，月數為01，日數為07，其基數分別為：

（年）1936÷8=241餘8（餘數為1~8，不能為0）

　所以，年基數為8

（月）01÷8=0餘1

　所以，月基數為1

（日）07÷8=0餘7

　所以，日基數為7

2、以月基數為上卦，日基數為下卦，構成「月日」全卦，再求出「月日」卦的基數。

例如：1月7日的月基數為1，日基數為7

　所以，「月日」全卦為17

「月日」全卦的基數為1（因為17÷8=2餘1）。

3、以年基數為上卦，「月日」卦的基數為下卦，構成「年月日」全卦，這就是身世卦（本命卦）。

例如：1936年1月7日的年基數為8，「月日」卦的基數為1（如上所述）

因此，「年月日」全卦為81，身世卦（本命卦）為81。

4、對照本書48頁表一即可知道卦名，再參照「《易經算命》第182頁」就可知道一生的個性優缺點、戀愛桃花、婚姻夫妻、事業錢財、老年健康和亂世36計。

例如：身世卦（本命卦）為81，對照本書48頁表一，可知其卦名為「泰」卦。

弟子問：你在《易經算命》這本書中認為：人的一生命運不但受到出生年月日的先天八字所影響，同時也受到姓名後天命運的影響，為何此書只以先天八字作為一生身世的本命卦，兩者是否有矛盾之處？

師父答：本書所提的先天八字所算出的身世卦（本命卦）確實只是先天命運的論斷，所以顧名思義叫做「身世」或「本命」，不同於《易經算命》中所言的「總命」，本書言及先天的身世或本命，而《易經算命》言及總體命運的「總命」。「總命」當然比「本命」更準確且全面地論斷命運，因為本書著重於介紹八字流年，因此就以先天八字為流年運氣的基準點，「本命」卦加上「流年」卦就更能彰顯一生變化起伏的風雲際會和吉凶禍福。

所以，本命卦（或稱身世卦、先天卦）只是一個基準參考點，本命卦配合姓名就是總命卦；而本命卦配合流年就是流年卦（以下章節會介紹），總命卦是一生命運的總體結論，是靜態的、是概括性的；而流年卦則是一生命運的變化歷程，是動態的，是每年、每月不同的，更能彰顯「世事變化如浮雲」的世間百態，更能知道何時進吉、何時平靜、何時避凶。

例如：

◆陳水扁的本命卦為蒙卦，而總命卦為大壯卦（見易經算命的第68頁）。

◆李登輝的本命卦為大有卦，而總命卦為蠱卦（見易經算命的第71頁）。

◆馬英九的本命卦為既濟卦，而總命卦為賁卦（參閱易經算命的第77頁）。

弟子問：中國傳統的命理，例如：紫微斗數、子平八字都是以甲、乙、丙、丁……等天干地支作為八字的表達方式，例如：甲午年庚申月戊子日壬子時的甲午庚申戊子壬子的八個文字，而你卻以習見的阿拉伯數字（1、2、3、4……）來表達八字，是否有失中國命理的本體性、主體性？

師父答：其實，中國傳統的命理並不盡然以甲、乙、丙、丁……的天干地支來表達時間，例如：北宋邵康節的皇極經世、鐵板神算、梅花易數就是以數字來表達，只是中國一向注重義理文字，而疏忽象數數字，因此，一般人就「屈指而算，數指頭」或者「結繩而算，數物品」，即使中國最有名的算盤，也是一個一個的珠子結合，就像小孩一樣地數：「一個蘋果、兩個蘋果、三個蘋果……」，由於中國長久以來的不重視數學，而數學又為科學之母，因此，近代中國才無法跟上工業革命，也無法跟上印度的軟體程式工業，我們現在通稱的阿拉伯數字1、2、3……，其實是印度人發明的，只是經由阿拉伯傳播到西方世界，所以才叫阿拉伯數字。

其實，中國並非沒有數字算命（例如：梅花易數、鐵板神算）的名家高人，只是朝廷政府不注重推廣，認為數字、工藝是雕蟲小技，不但無濟於「內聖外王」，並且還會「玩物喪志」，因此，一般人只重視文字義理，企圖在「書中自有黃金屋」中發財，企圖在「書中自有顏如玉」中粉墨登場，目的在於「文而優則仕」的升官發財。

因此，當一些人一窩蜂學習甲、乙、丙、丁……時，謝三河的《易經神算》卻更突出地發揚1、2、3……數字的神奇，易經八卦本是從河圖、洛書的符號、數學而來，只是後人太多牽強附會的文字矯飾，使得原本簡單可行的易經變得面目全非，庸人自擾莫甚於此，故弄玄虛裝鬼神，唯有科學化、數字化的現代數學1、2、3……，才能使甲、乙、丙、丁…的天干地支讓出一片天地給現代文明作為進步發展的搖籃，易經本是陰陽的0與1，也是天、地、人的1、2、3，更是金、木、水、火、土的1、2、3、4、5，而易經八卦所蘊藏的數學邏輯概念，更是現代電腦的核心基礎，因此，以數字來闡述八字，不但無損於中國命理的主體性和本體性，反而更發揚了中國易經命理的溯本清源，並且放之四海皆準，更能歷久彌新超越時空！明確指引迷津於江湖術士的眾說紛紜中。

義理象數	↔	象數相術
紫微斗數	↔	鐵板神算
子平八字	↔	梅花易數
論　語	↔	易經神算

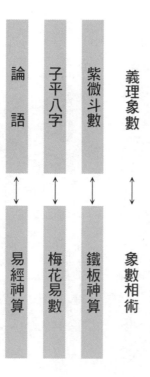

甲乙丙丁（天、干、地、支）	↔	1、2、3、4（阿拉伯數字）
五行相生相剋（金木水火土）	↔	加減相乘（基因DNA）
傳統八字（甲乙丙丁）	↔	現代八字（1、2、3、4）

義理和象數是異曲同工、殊途同歸，義理雖然博通、宏觀，但卻容易百家爭鳴是非多，象數雖然原始、純樸，但卻容易一語道破人間事。

三、由身世卦算出十年卦（大運卦）

【古法依據】：皇極天數（宋朝）、易經十翼（孔子、春秋戰國）。

大運卦的演算法：以身世卦為基本卦，其六個爻變卦分別代表六個十年運（大運

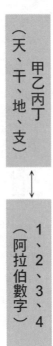

卦），詳細分述如下：

初爻變為第1個十年卦
二爻變為第2個十年卦
三爻變為第3個十年卦
四爻變為第4個十年卦
五爻變為第5個十年卦
上爻變為第6個十年卦

…………………………………………

（六爻變之後，又重新回到初爻變的下一輪迴）

初爻變為第7個十年卦
二爻變為第8個十年卦
三爻變為第9個十年卦
四爻變為第10個十年卦
五爻變為第11個十年卦
上爻變為第12個十年卦

◎茲表格化如下：

十年卦（以身世卦為基本卦）

基本卦	初爻變	二爻變	三爻變	四爻變	五爻變	上爻變
本命卦（身世卦）	1~10	11~20	21~30	31~40	41~50	51~60
	61~70	71~80	81~90	91~100	101~110	111~120

例如：陳水扁的身世卦為（本命卦）「蒙」卦，76卦數（參閱易經算命第68頁），而蒙的六爻變卦分別為：

基本卦	初爻變	二爻變	三爻變	四爻變	五爻變	上爻變
䷃	䷨	䷖	䷑	䷿	䷺	䷆
蒙	損	剝	蠱	未濟	渙	師
本命卦（身世卦）	1~10	11~20	21~30	31~40	41~50	51~60
	61~70	71~80	81~90	91~100	101~110	111~120

有些讀者或許還不明白初爻變、二爻變、三爻變、四爻變、五爻變、上爻變的原理，此時，可回頭參閱本書第51頁的爻變卦。

由上表可知陳水扁的十年運如下：

1～10歲為損卦
11～20歲為剝卦
21～30歲為蠱卦
31～40歲為未濟卦
41～50歲為渙卦
51～60歲為師卦
61～70歲為損卦
71～80歲為剝卦

例如：馬英九的身世卦（本命卦）為「既濟」卦（參閱易經算命第77頁），而既濟卦的六個爻變卦分別為：

基本卦	初爻變	二爻變	三爻變	四爻變	五爻變	上爻變
䷾	䷦	䷄	䷂	䷰	䷣	䷤
既濟	蹇	需	屯	革	明夷	家人
本命卦（身世卦）	1～10	11～20	21～30	31～40	41～50	51～60
	61～70	71～80	81～90	91～100	101～110	111～120

由上表可知馬英九的十年運為：

1～10歲為騫卦　11～20歲為需卦
21～30歲為屯卦　31～40歲為革卦
41～50歲為明夷卦　51～60歲為家人卦
61～70歲為騫卦　71～80歲為需卦

學生問：爻變卦是如何構成的？

老師答：爻變卦的變化規則請參閱本書第51頁，即可明白。

學生問：十年運為何又叫大運？有時是否也叫大限呢？

老師答：俗話說：「十年風水輪流轉。」十年就是一個人命運的轉機，可以由危機轉為良機，當然也會由良機轉為危機，每逢十年必定有所轉折，一定會有大轉變，故曰大運，一切的好運、厄運都會適可而止，故大運也叫大限，否極固然會有泰來，但時間一到，也一定會有改變，所以，好運良機到來時，就要保握發揮而惜福；反之，厄運降臨時，也不要怨天尤人，因為一切盡在因果循環中。

學生問：六個爻變剛好是一甲子60年，但俗話又說人生七十才開始，既然甲子為60年輪迴，為何人生俗語要說七十才開始？

老師答：天道時間乃是60年為一甲子輪迴，但人道必須順乎天、應乎天、後於天，因此，人道的另一輪迴為70歲，人必須觀天而順乎自然，才能順勢而為不搶先，凡事三思而後行，蓄勢待發不急進，能夠退而求其次，才能進而有後勁，以退為進才有後路可退，進退得宜就是吉利自然。

弟子問：宋朝邵康節的《皇極經世》，通常是以本卦作為變化的第一個階段，如下表所述：

基本卦	初爻變	二爻變	三爻變	四爻變	五爻變	上爻變
第1期	第2期	第3期	第4期	第5期	第6期	第7期

但是，你在本書易經神算中，卻以下表為之：

基本卦	初爻變	二爻變	三爻變	四爻變	五爻變	上爻變
全期	第1期	第2期	第3期	第4期	第5期	第6期

請問兩者有何差異？何者為真？何者為錯？

師父答：若論及人生百歲的流年變化時，當然是本書易經神算101的演算法是對的，也就是初爻變是代表第1期的變化，其道理在於宋朝邵康節的皇極天數或皇極經世乃是宏觀論及宇宙千萬年的流年變化，著重於幾千年、幾萬年的輪迴變化，例如：皇極天數論及元、會、運、世、年、月、日、時、分、秒，一世等於30年，一運等於360年，一會等於10800年，一元等於12萬9600年，由於皇極天數著重於宇宙千古之變化之道，由於宇宙為無窮大，無法以一個有限的基本數來作為整個概括性的敘述，並且從太極之「有生於無，無生於有」的有無一體論，因此，就以本卦來作為初始第1期了，若從宇宙千古之變化，其基本卦就作為第1

期的卦象，但若論人生不滿百的流年變化，就不宜以本卦作為第1期的卦象，就像是一個以噸為單位的超大秤，倘若只放10兩黃金，如此大秤將是一動也不動地沒反應，而將它視為0噸；但若將10兩黃金放在小秤上，小秤就會有所反應並有指數，也就是說，皇極天數就像超大秤，而易經神算101就像是小秤，幾噸重的鋼鐵將使小秤失去平衡，而幾兩重的黃金將使大秤失去感覺！鋼鐵只能放在大秤，黃金只能放在小秤，就像皇極天數只能論千百年的大變化，而人生不滿百的流年只能以易經神算101為之！

弟子問：雖然你詳述了爻變卦和大運卦的流年排列法，但許多人還是習慣直接查表，因此，你是否能夠費點心思，將64卦基本卦的爻變表做成表格，以利一般大眾（尤其是不懂數理的人）更容易排出十年卦的流年。

師父答：言之有理，那就請參閱附錄A（本書136頁）的「十年運流年命盤」。

附錄A：十年運（大運）的流年命盤 詳見136頁。

四、由十年卦算出一年卦（流年卦、小運卦）

【古法依據】：皇極天數（宋朝）、流年術、易經十翼（孔子、春秋戰國）。

由先天八字可推算出本命卦、身世卦（如本書第68頁）。

由本命卦可排出十年卦的大運流年（如本書第74頁）。

一旦知道了十年卦的大運流年，本章節就要教你如何排出每一年的命運流年，這就是所謂的「流年運」，流年運又稱為小運或小限。

以「十年卦」為基本卦，其六個爻變卦分別代表六個流年卦（一年卦、小運卦、小限卦），茲詳細分述如下：

初爻變為第1年的流年命運
二爻變為第2年的流年命運
三爻變為第3年的流年命運
四爻變為第4年的流年命運
五爻變為第5年的流年命運
上爻變為第6年的流年命運

（六爻變之後，又重新回到初爻變的下一個輪迴）

初爻變為第7年的流年命運

二爻變為第8年的流年命運

三爻變為第9年的流年命運

四爻變為第10年的流年命運

◎表格化如下：

基本卦	初爻變	二爻變	三爻變	四爻變	五爻變	上爻變
十年卦（大運卦）	1歲	2歲	3歲	4歲	5歲	6歲
	7歲	8歲	9歲	10歲	太極	太極

例如：陳水扁的身世卦（本命卦）為「蒙」卦，卦數為76（參閱易經算命68頁），因而推算出他的十年運（大運）分別為損、剝、蠱、未濟、渙、師卦（參閱本書第75頁），倘若想進一步知道他在41~50歲的流年，則可推算如下：

由陳水扁的十年運流年命盤（參閱本書第75頁）得知41~50歲的十年卦為渙卦，因此，以渙卦為基本卦，即可推算出其41~50歲的流年命運如下：

基本卦	初爻變	二爻變	三爻變	四爻變	五爻變	上爻變
䷺	䷼	䷓	䷸	䷅	䷃	䷜
渙	中孚	觀	巽	訟	蒙	坎
41~50歲（十年運）	41歲	42歲	43歲	44歲	45歲	46歲
	47歲	48歲	49歲	50歲	太極	太極

由上表可知，陳水扁在41～50歲的十年運就是「渙」卦命理，而其中每年的命理如下：

41歲為中孚卦命理
42歲為觀卦命理
43歲為巽卦命理
44歲為訟卦命理
45歲為蒙卦命理
46歲為坎卦命理
47歲為中孚命理
48歲為觀卦命理
49歲為巽卦命理
50歲為訟卦命理

例如：馬英九的身世卦（本命卦）為「既濟」卦，卦數為63（參閱易經算命77頁），因而推算他的十年運（大運）分別蹇、需、屯、革、明夷、家人（參閱本書第77頁），倘若想進一步知道他在51～60歲的流年，則可推算如下：

由馬英九的十年運流年命盤（參閱本書第77頁）得知51～60歲的十年卦為家人卦，因此，以家人卦為基本卦，即可推算出其51～60歲的流年命運如下：

基本卦	初爻變	二爻變	三爻變	四爻變	五爻變	上爻變
䷤	䷴	䷈	䷩	䷌	䷕	䷜
家人	漸	小畜	益	同人	賁	坎
51～60歲（十年運）	51歲	52歲	53歲	54歲	55歲	56歲
	57歲	58歲	59歲	60歲	太極	太極

由上表可知，馬英九在51～60歲的十年運就是「家人」卦命理，而其中每年的命理如下：

51歲為漸卦命理
52歲為小畜卦命理
53歲為益卦命理
54歲為同人卦命理
55歲為賁卦命理
56歲為坎卦命理
57歲為漸卦命理
58歲為小畜卦命理
59歲為益卦命理
60歲為同人卦命理

弟子問：我已經知道十年運和一年運分別稱作大運和小運，只是不十分瞭解為何要區分為大、小，其意義何在？

師父答：俗話說：「謀事在人，成事在天。」可以更明確說明大運和小運的作用，十年之所以稱作大運，乃是上天來審判，並非人為意志所能刻意矯揉造作，老天爺客觀而公正地審判這十年來的是非功過，而毫不留情地做出裁決，這個十年大運的裁決乃是天意和人情義理的綜合判斷，是以「天聽」、「天視」來觀察人間是非、功過，所以叫作「成事在天」；而「小運」則是可以由個人意志來轉移，因而有時會出現「小人得志」的不公平、不合理的短暫現象，因此，不能因為一時志得意滿，否則，容易「滿招損」；反之，有了一時的得志，反而要更加謙虛、禮節，才能「謙受益」，凡人可以經由自己的努力、修養、意志、企圖、魄力來改變小運（流年運），積少成多，多到一定的分量就能使老天爺依照你的願望而成真，所以，才有「行遠必自邇，登高必自卑，雖不能至，然心嚮往之」的上進向善，也才有俗語所說：「善，雖小而為之；惡，雖小而不為。」經年累月的積功德，即使是小運、小功德，老天必定有眼會賞賜你的大功德、大運氣。人必須踏實努力於平日的「謀事」，才能使老天爺成全你的心願！

弟子問：宋朝邵康節在《皇極經世》一書中，把十年當作兩個五爻變的輪迴，因此，和本書的流年命盤是不同的，為何會如此？

師父答：邵康節的《皇極經世》在論及流年時，確實如你所說的以「五爻一輪迴」來代表十年，如下表所列：

基本卦	初爻變	二爻變	三爻變	四爻變	五爻變	上爻變
十年運	1歲	2歲	3歲	4歲	5歲	太極
	6歲	7歲	8歲	9歲	10歲	太極

《皇極經世》所主張的上述流年表，確實不同於本書84頁的流年表，兩者在前5歲都是相同的，但是後5歲（6~10歲）則相差1歲，其差異乃是源自於《皇極經世》認為小運（流年運）乃是五行金、木、水、火、土的人為力量大於易經六爻變的自然

力量，因而採取了五行五爻變來強調金、木、水、火、土的相生相剋，其實，按照易經「太極生兩儀，兩儀生四象，四象生八卦」的對偶輪迴特性，八卦六爻是輪迴不已的生息起落，符合人世間吉凶禍福、悲歡離合的自然變化，而五行則是側重於相生相剋，五行並不像八卦六爻如此地側重循環輪迴，因此，本書易經神算101還是溯本正源地採取中國命理源頭的易經八卦六爻，忠實地遵照六爻一輪迴的天理規則，不敢有所造次，事實上，許多世間事，也大多是輪迴六爻變，而把五行相生相剋作為配套，以學齡教育來說，大多數國家也是採取「六歲入學、六年小學、六年中學（三年國中、三年高中）和四年大學。值得一提的乃是大學四年正好是本書83頁「7歲、8歲、9歲、10歲」的四個歲數。

總之，基於「對易經的忠誠」和「教育學家對於學齡的客觀認定」，本書易經神算還是完整地採用六爻變為主，一併輔之以五行，事實上，如果宏觀而全面地批流年、論流年，皇極天數的五行相生相剋，和本書八卦六爻的輪迴不息，並沒有任何差異，只是異曲同工、殊途同歸罷了！但建議讀者還是採用本書易經神算101的六爻輪迴，比較容易一以貫之不混淆！

弟子問：十年運的大運又被稱作大限；一年運的小運又被稱為小限，為何一定要以「限」來形容「運」呢？難道不能用「發」來形容嗎？

師父答：易經確實不以「限」來形容天地之間的一切事務，通常以「節」作為禮節、節制的中庸之道，易經有三易：變易、容易和不易，但以變易為主軸，而輔之以「變化之道，有其不變、不易的天理規則」，倘若能夠遵循「變化的不變法則」，那麼，一切就很「容易」了！

古代聖賢之士，觀於天、察於人，發覺凡人有太多劣根性的惡質，例如：狂妄自大不自知、自私自利不知足，因此，才刻意以「限」來警惕世人對於命運的追求，例如：一想到改運，就馬上想起「只問蒼天、鬼神，不問民間疾苦」，而不反思自己所修功德有多少？或者馬上「怨天尤人自作孽」，而不自我努力，所以，只有遵循「天行健，君子以自強不息」，才能順乎天、應乎地，才能有所精進發展好運氣，古代聖賢之所以強調大限、小限，我們必須作為警惕、反省，才有大發、小發的命運，這也就是「靜以制動，柔以克剛」的陰陽制勝之道。

民間習俗每年都有「安太歲」的習慣，並且盛行「犯太歲、沖太歲」之說，似乎把「太歲君」當作是惡神、惡鬼，其實，太歲君也是有善神、惡神之分；有吉利之神，也有凶惡之神，但是民間似乎只在意「兇惡太歲君」的存在，而冷淡了「吉祥太歲君」的存在，凡人有「欺善怕惡」之劣根性，對善人、惡人如此，對善神、惡神也是同樣態度，如此，好人、好神怎會親近你呢？而惡人、惡神就喜歡找你上門勒索、鬧事，佛說：「善哉，善哉」，也悲歎凡人的「自作孽不可活」。

太歲君就是每年值班的神，每年都有一位神仙擔任總管，代表上天眾神來管理世間凡人，民間習俗有兩套制度，一為十二生肖的十二個太歲君，一為六十甲子的六十個太歲君，其中有兇惡之神，所以才有犯太歲、沖太歲、安太歲之說法，但其中也有吉祥善良之神，世人卻很少有「迎太歲」之敬仰虔誠，如此「避凶不近吉」的消極態度，如何能夠大發、小發好運氣呢？

弟子問：你在回答大小運、大小限和大小發的問題時，為何也提到太歲君，如果

「太歲君」事件顯露世人「欺善怕惡」的劣根性，那麼，「本命年」的說法是否也有類似的傾向？

師父答：不錯，你所言甚是，我除了要突顯「欺善怕惡」的凡人本質劣根性，也在說明太歲君和流年的密切關係，所謂流年運氣就是每一年的命運吉凶，這當然和每年總管太歲君有密切關係，而你所提到的本命年，就是和「先天八字」有密切關係，因此，我們在論及八字流年時，也要面對本命年、太歲君的天意安排，才能天人合一有正道好運。

弟子問：我已瞭解了流年、太歲和本命年的關係，但是，你是否可以按照「大運」流年命盤（本書136頁，附錄A）的作法，也為我們再做一份「一年運的流年命盤」。

師父答：你未免太偷懶了，其實，我知道你已經會做「一年運的流年命盤」，只是你不親自動手，正如孔子所言：「學而不思，則惘；思而不學，則殆。」也正如王陽明所言：「知難行易。」因此，你要代替師父做出這份「一年運的流年命盤」。

弟子說：確實，確實，我已經瞭解你所教導的一年流年運的排列方法，只是一向太依賴師父成習，才疏於實踐，況且，有事弟子服其勞，因此，我就不惴淺陋地謹慎為之，而將「一年運流年命盤」收錄在附錄B（本書第172頁）。

師父說：我相信你能夠再度做好「一年運流年命盤」，事實上，既然你已明白「十年運流年命盤」和「一年運流年命盤」，那麼，就應該能夠做出「人生99歲流年命盤」。

弟子問：何謂「人生99歲流年命盤」？

師父答：俗家有言：「人生不滿百，常懷千歲憂。」眾人之所以如此長戚戚，就是因為不知自己人生命盤，以致茫茫然無所適從，心中無法坦蕩、磊落，這就是俗言所謂：「君子坦蕩蕩，小人長戚戚。」明白了自己的「人生99歲流年命盤」，也就「心中有數」不戚戚然。

弟子問：「人生99歲流年命盤」如何排列呢？

師父答：你可以直接在本書附錄E找到「人生99歲流年命盤」的表格。

弟子說：我已在附錄E找到「人生99歲流年命盤」，並已明白64卦就有64個「人生99歲流年命盤」，例如：乾卦者，就有乾卦的「人生99歲流年命盤」；就坎卦者，有坎卦的「人生99歲流年命盤」。

附錄B：流年運的流年命盤 詳見171頁。

附錄E：人生99歲流年命盤 詳見273頁。

五、由流年卦算出流月卦（月經卦）

【古法依據】：皇極天數（宋朝）、易經十翼（孔子）。

由先天八字算出本命卦、身世卦（如本書67頁）。

由本命卦可算出十年卦的流年命盤（如本書74頁）。

由十年卦可算出一年卦的流年命盤（如本書82頁）。

一旦知道了一年卦的流年命盤，本章節就要教你如何算出每一月的命理運氣，這就是所謂的「月經卦」。

以一年卦為基本卦，其六個爻變卦，分別代表六個月，一年分為上下兩個六個月，茲詳細分述如下：

初爻變為第1個月的命理運氣
二爻變為第2個月的命理運氣
三爻變為第3個月的命理運氣
四爻變為第4個月的命理運氣
五爻變為第5個月的命理運氣
上爻變為第6個月的命理運氣
（六爻變完畢之後，又重新回到初爻變的下一個循環）
初爻變為第7個月的命理運氣
二爻變為第8個月的命理運氣
三爻變為第9個月的命理運氣
四爻變為第10個月的命理運氣

五爻變為第11個月的命理運氣
上爻變為第12個月的命理運氣

◎表格化如下：

月經卦的命理命盤

基本卦	初爻變	二爻變	三爻變	四爻變	五爻變	上爻變
一年卦（流年卦）	1月	2月	3月	4月	5月	6月
	7月	8月	9月	10月	11月	12月

例如：陳水扁的身世卦為「蒙」卦（參閱本書84頁），因此，可算出他的十年卦大運（參閱本書76頁）、一年卦小運（參閱本書84頁），倘若想知道他在某一年每一個月的命理命運，即可推算如下（此處以47歲為例）：

由於陳水扁在47歲的流年命理為「中孚」卦（參閱本書85頁），因此，就以「中孚」卦為基本卦，而推算其六爻變的每月命理如下：

基本卦	初爻變	二爻變	三爻變	四爻變	五爻變	上爻變
䷼	䷺	䷩	䷈	䷉	䷨	䷻
中孚	渙	益	小畜	履	損	節
一年運（47歲）	1月	2月	3月	4月	5月	6月
	7月	8月	9月	10月	11月	12月

由上面的流年命盤，可知陳水扁47歲的命理為「中孚」卦，而在47歲這一年，每一個月的命理命運如下：

47歲，第1個月為渙卦
第2個月為益卦
第3個月為小畜卦
第4個月為履卦
第5個月為損卦
第6個月為節卦
第7個月為渙卦
第8個月為益卦
第9個月為小畜卦
第10個月為履卦
第11個月為損卦
第12個月為節卦

例如：馬英九的本命卦為「既濟」卦（參閱本書77頁），由此推算出他的十年運（參閱本書78頁）、一年運（參閱本書86頁），倘若想知道他在某一年內每一個月的命理，即可推算如下（此處以60歲為例：）

由於馬英九60歲的流年命運為「同人」卦（參閱本書86頁），因此，就以同人卦為基本卦，根據其六爻變的原理，就可推算他在60歲那年的每月命運，表列如下：

基本卦	初爻變	二爻變	三爻變	四爻變	五爻變	上爻變
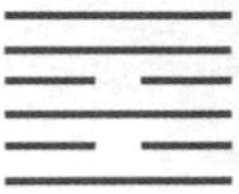				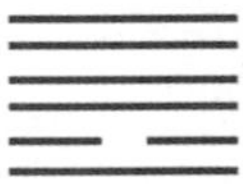		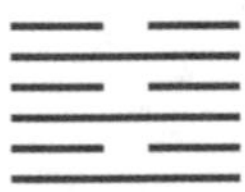
同人	遯	乾	無妄	家人	離	革
60歲（一年運）	1月	2月	3月	4月	5月	6月
	7月	8月	9月	10月	11月	12月

由上面的流年命盤，可知馬英九60歲的命理為「同人」卦，而在60歲這一年，每一個月的命理命運如下：

60歲，第1個月為遯卦
第2個月為乾卦
第3個月為無妄卦
第4個月為家人卦
第5個月為離卦
第6個月為革卦
第7個月為遯卦
第8個月為乾卦
第9個月為無妄卦
第10個月為家人卦
第11個月為離卦

第12個月為革卦

弟子問：一般人都說批流年、論流年，是否意謂流年只論及「年」而已，並不論及「月」的變化？

師父答：非也，流年只是一種通稱，並不是只論及「年」，事實上，根據宋朝邵康節的說法，《皇極經世》甚至推論到「秒」的變化，亦即每秒的變化，也有一定的天理規則在自然運行。

老天爺以大自然的春、夏、秋、冬向凡人展示一年四季十二月的自然變化，並以月圓月缺、潮起潮落向世人展示每天的自然變化，大自然每月都依循不變的規律在運行，《皇極經世》把這種大自然的每月變化規律，應用於人間事務的變化規律，這就是「月經」卦；《皇極經世》也把「大自然每天月圓、月缺的自然規律」應用於世人每天的命運自然流程，這就是「日常」卦（下一章節將論及日常卦）。

大自然的每月、每天都有其自然規律，世人當然也如此，人必須每月、每天都依照天理命運而行，才能日新月異有成長，跟著時光隧道向前行，才能悠遊自在於現實的人間環境，這就是「順乎天，得乎人」的天人合一有福氣！

弟子問：我上回做的「一年運的流年命盤」，不知師父認為是否得當，這次，我是否也同樣做一份「每月命運的變化命盤」？

師父答：你上回做的「一年運的流年命盤」完全正確，這回你也再做一份「每月命運的變化命盤」吧！並將它收錄於附錄C（本書205頁）。

附錄C：流月卦的命運變化 詳見205頁

六、由流月卦算出流日卦（日常卦）

【古法依據】：皇極天數（宋朝）、易經十翼（孔子，春秋戰國）。

由先天八字算出本命卦、身世卦（參閱本書67頁）。

由本命卦可算出十年卦的流年命盤（參閱本書74頁）。

由十年卦可算出一年卦的流年命盤（參閱本書82頁）。

由一年卦可算出一月卦的流年命盤（參閱本書95頁）。

一旦知道了一月卦的變化命盤，本章節就會教你每一天的命運變化規律，這就是「日常」卦。

日常卦的推算方法：以一月卦為基本卦，其六個爻變卦分別代表六天，每六天為一輪迴，詳細分述如下：

初爻變為第1、7、13、19、25、31天的命理

二爻變為第2、8、14、20、26天的命理

三爻變為第3、9、15、21、27天的命理

四爻變為第4、10、16、22、28天的命理

五爻變為第5、11、17、23、29天的命理

上爻變為第6、12、18、24、30天的命理

◎表格化如下：

基本卦	一月卦（月經卦）					
初爻變	1	7	13	19	25	31
二爻變	2	8	14	20	26	太極
三爻變	3	9	15	21	27	太極
四爻變	4	10	16	22	28	太極
五爻變	5	11	17	23	29	太極
上爻變	6	12	18	24	30	太極

例如：陳水扁的本命卦為「蒙」卦（參閱本書84頁），因此，可算出他的十年卦大運（參閱本書第76頁）、一年卦小運（參閱本書第84頁）、一月卦命運（參閱本書第98頁），倘若想知道他在某年某月的每一天命運時，即可推算如下（此處以47歲8月份為例）：

若想知道陳水扁在47歲8月份的每一天命運，可由他的「每月命運命盤」得知他在47歲8月份的月經卦為「益」卦（參閱本書第98頁），因此，就以「益」卦為基本卦，求其六爻變的命盤，即可推算每日命運如下：

基本卦	初爻變	二爻變	三爻變	四爻變	五爻變	上爻變
䷩	䷓	䷼	䷤	䷘	䷚	䷂
益	觀	中孚	家人	無妄	頤	屯

47歲 8月份（月經卦）					
1	2	3	4	5	6
7	8	9	10	11	12
13	14	15	16	17	18
19	20	21	22	23	24
25	26	27	28	29	30
31	太極	太極	太極	太極	太極

由上面的日常卦命運變化面盤，可知陳水扁在47歲8月份的命運為「益」卦命理，而在該月份的每日命運如下：

47歲8月份的1、7、13、19、25、31日為「觀」卦命理

2、8、14、20、26日為「中孚」卦命理

3、9、15、21、27日為「家人」卦命理

4、10、16、22、28日為「無妄」卦命理

5、11、17、23、29日為「頤」卦命理

6、12、18、24、30日為「屯」卦命理

例如：馬英九的本命卦為「既濟」卦（參閱本書第77頁），由此可算出他的十年卦大運（參閱本書第78頁）、一年卦小運（參閱本書86頁）、一月卦命運（參閱本書100頁），倘若想知道他在某年某月的每一天命運時，即可推算如下（此處以60歲7月份為例）：

若想知道馬英九在60歲7月份的每一天命運，可由他的「每月命運命盤」得知他在60歲7月份的月經卦為「遯」卦（參閱本書第100頁），因此，就以「遯」卦為基本卦，求其六爻變的命理命盤，即可推算每日命運如下：

基本卦	䷠	遯	60歲 7月份（月經卦）					
初爻變	䷌	同人	1	7	13	19	25	31
二爻變	䷫	姤	2	8	14	20	26	太極
三爻變	䷋	否	3	9	15	21	27	太極
四爻變	䷴	漸	4	10	16	22	28	太極
五爻變	䷷	旅	5	11	17	23	29	太極
上爻變	䷞	咸	6	12	18	24	30	太極

由上面的「日常卦」命盤，可知馬英九在60歲7月份的命運為遜卦，而在該月份的每日命運如下：

60歲7月份的1、7、13、19、25、31日為「同人」卦命理：

2、8、14、20、26日為日為「姤」卦命理

3、9、15、21、27日為「否」卦命理

4、10、16、22、28日為「漸」卦命理

5、11、17、23、29日為「旅」卦命理

6、12、18、24、30日日為「咸」卦命理

弟子問：宋朝邵康節在「日常」卦流年、流日，以5日為一單元，並不像你所說的一日一單元，兩者有何差異？何者較能真實反應每日命運的變化常規？

師父答：邵康節神算確實以五日為一單元論流年，如下表所示：

初爻變	二爻變	三爻變	四爻變	五爻變	上爻變
1～5日	6～10日	11～15日	16～20日	21～25日	26～30日

顯然不同於本書所述的「一日一單元」，其實兩者並無實質差異，只是單位不同罷了，就像有人以30天稱作一個月，一個是以「天」為單位，而另外一個是以「月」為單位，綜觀邵康節大師的習性，潛意識裡有深厚的「五行」概念，因此，有時會把「六爻」也變成「五爻」，此處又以5日為一單位，但尋遍中外曆法，甚少有五日為單元，例如：一星期為7天（西洋），一月為30天，一旬為10天，因此，還是以本書的一日一單元比較能夠反應現實社會的實際命理變化規則。

弟子問：是否也要按照慣例，再做一份「每日命運的變化命盤」來詳述日常卦的變化流程。

師父答：當然，必須再做一份，有始有終才能成其大全做功德，你就把它收錄於附錄D吧！

弟子問：師父為何說是「有始有終」，難道這是最後一份嗎？

師父答：確實如此，因為論及人的一生流年運氣，只要論到「日」即可，至於「時、分、秒」的命運就不該列入一生命運的變化規則當中，只能當作

「時機運氣」罷了，總之，日常卦所展現的每日命運，已是一生命運流年的最詳細可察單位，因此，我才說是「有始有終」。

附錄D：流日卦的命運變化 詳見239頁

七、流時、流分、流秒靠占卜（時機卦）

[古法依據]：梅花易數（宋）、占卜術

一般人都認為元旦就是一月一日，每365天就會有一個元旦產生，一元也就是365天了，然而在邵康節《皇極經世》的眼光中，他認為一元就等於12萬9600年，也就是說一元=129600×365天，你只要動動電腦，就會認為129600×365天實在是一個天文數字，因此，我們在宇宙科學會聽到「光年」這個名詞，一光年也是等於很多、很多年；我們在民間習俗也時常聽到：天上一年，等於人間很多、很多年；在心理學方面，我們說宇宙是千年、萬年、千萬年，皇帝為了滿足其狂妄至尊，竟然也自稱為萬歲、萬萬歲，實在是逆天行道太囂張，以致皇帝經常是短命、親情不合，絕大多數的皇帝也都是下了地獄受折磨，真是「痛不欲死」地獄苦，偏偏人生在世不過區

區數十年，凡人即使再痛苦，也不過數十寒暑，然而皇帝下了地獄不得超生，當然也不得上天，只有永遠、永遠在地獄受苦、受難、受病痛，為政當官者，不論如何作威、作福、搞權勢，最多也不及皇帝的享樂有虛榮，但在死後，也同樣和皇帝下地獄入地牢，哪像凡人即使受苦，也是「吃苦像吃補」；即使入土，也是下地府，哪像皇帝、高官下地牢，這就是典型的「度日如年」，皇帝高高再上太狂妄，說他萬歲萬萬歲，其實也和一般人一樣不滿百，因此，他的一日就是好幾年，這不就是「度日如年」的玄機妙語嗎？皇帝在世有了「度日如年」的萬萬歲，死後當然有「度日如年」的痛苦報應，本書在此之所以特別提及皇帝度日如年的事實，是要提醒人不可逆天道而行，人有人的壽命周期，世人的「年」就是365天，世人的「元」就是365天，不像《皇極經世》所論「宇宙年」為好幾萬天（129600×365天），而昆蟲微生物的「元」就更短了，昆蟲微生物的「元」就只有幾個鐘頭，甚至幾分鐘，人生壽命雖然不滿百，但是昆蟲微生物的壽命可能不滿一年，甚至不滿一天，因此，人在面對宇宙天、地、人時，不只不能狂妄自大於「萬歲、萬萬歲」，也不能斤斤計較「時、分、秒」，老天爺幫你安排的命運，只照顧到你的年、月、日，只幫你安排到年、月、日，不會幫你安排千年、萬年的命運，也不會幫你安排每分、每秒的命運，因此，流年、流月、流日有著上天安排的宿命先天運，而時、分、秒就只能靠自己掌握時機了，老天爺要照顧到天、地、人之間的所有為神、為人和萬物微生物，因此，老天爺以百年、千年、萬年來論宇宙的定數命運循環，以年、月、日來論世人的定數命運循環，宇宙大自然有宇宙大自然的命運周期，人類有人類的命運周期，人類在年、月、日的命運可依靠老天爺所安排的命運流年、流月、流日，千萬不可把流時、流分、流秒的命運也要老天爺為你來安排，就像老天爺也不會為你安排百年、千年、萬年的命運，皇帝妄稱自己是萬萬歲，結果遭致「度日如年」的痛苦報應；同樣地，如果人類連每分、每秒的命運也要由老天爺來安排，那也將遭致「分文不值」的不如昆蟲微生物，雖有百年之身，卻是「身無分文」如浮蟲微生物，因此，流時、流分、流秒的命運不能依靠先天八字去安排，必須靠占卜、靠自己、靠運氣，靠著自己每分、每秒的努力修持，經年累月的積功德，才能享受老天爺所安排賜予的福分。

《皇極經世》是一部偉大曠世巨著，含蓋宇宙、人類、微生物，因此，他論及流元、流會、流運、流世、流年、流月、流時、流分、流秒，事實上，我們以人類的實際立場而言，應將流元、流會、流運、流世應用於宇宙大自然的命運循環；而將流年、流月、流日應用於人類本身的命運迴圈；而將流時、流分、流秒應用於昆蟲微生物的命運循環。人類固然重視自己的命運，也不能輕視昆蟲微生物的命運，這也就是我們所說的「民胞物與」，所謂「物與」，就是說動物、植物和我們都是屬同類，物與的「與」，就是同類也。長久以來，我們一直強調「天人合一」，固然鼓勵人要與大自然合而為一，但潛意識卻忽略了地上的昆蟲微生物，所以，才傷害了地上植物大環境，這就是今日破壞大自然的惡果、惡因，因此，我們固然要向上「天人合一」，也要向下兼顧到「天、地、人」合一，此處「天、地、人」中的「地」，就是意指環境、環保的昆蟲微生物，當我們考慮到昆蟲微生物的生存時，就不會忍心濫砍森林建房屋，也不會忍心弄髒河水製造工業污染，當我們考慮到微生物的生存空間時，也要讓老天爺把流時、流分、流秒的心思花在昆蟲微生物，這也就是說「時、分、秒的命運必須靠我們人類自己的努力」，倘若想要碰碰運氣知吉凶，那就動手占卜靠心誠了。

梅花易數就是一門占卜學。由於不是本書命運流年的話題，因此，只有另闢篇幅再論占卜好時機，正是所謂的「好命、好運還須好時機、好運氣」，命也，運也，時也，「命」和「運」可以依靠老天爺的宿命先天排流年，「時」就得依靠自己和占卜了！

大宇宙→流元、流會、流運、流世

凡人類→流年、流月、流日（年月日）

微生物→流時、流分、流秒（時分秒）

《皇極經世》（宋朝・邵康節）

元、會、運、世、年、月、日、時、分、秒

一元=12會=360運=4320世=12萬9600年

一會=30運= 360世=1萬800年（萬年曆）

一運= 12世=360年

一世=30年（30年為一代）

一甲子=60年

每年都有一個神仙代表眾神下凡管理眾人，這個值班下凡的神仙，就叫做太歲君，因此，總共有60個有名有姓的太歲君。

生肖輪迴=12年（犯太歲、沖太歲、安太歲）

生肖習俗根深蒂固地為眾凡人所普遍接受，因此「生肖輪迴12年」比「一甲子60年」更為民間習俗所膜拜，12年就有12個太歲君，所謂太歲君，就是每年都有一位神仙代表眾神下凡到人間管理眾人，12生肖輪迴的12位太歲君分別為太歲君、太陽君、喪門君、太陰君、五鬼君、死符君、歲破君、龍德君、白虎君、福德君、天狗君、病符君，可見太歲君只不過是12個歲君之一，但世人已經習慣把太歲君作為通稱，例如說「今年的太歲君為哪一位?」這種現象類似於人們以「天龍」來統稱「天龍八部」的八位神。其中有善良之神，也有凶煞之神；有招財之神，也有破財之神，因此，民間盛傳犯太歲、沖太歲之畏懼心理，實在是「以偏概全」，誤以為所有太歲君都是凶煞、破財，因此，每年都要「安太歲」以安撫太歲君，其實，應該抱持著更積極、虔誠、熱情態度去「迎太歲」，那麼，即使凶神太歲到來，也將逢凶化吉，除非是人類做惡多端，俗語說：「不作虧心事，不怕半夜鬼敲門。」再怎麼兇惡的太歲君，畢竟是神不是鬼，何懼之有，除非平日做惡多端多是非，因此，與其臨時抱佛腳「安太歲」，不如積極向善積功德，即使流年不利，也將否極泰來有福分，所以，當你排出流年表為不祥之卦時，也不必心慌意亂，只要心誠向善不妄動，也就自然逢凶化吉更吉祥！就像怕太歲、安太歲，那不如敬太歲、迎太歲的積極向善有誠心！

下篇：批流年、論流年的實際內容

【本篇概論】

本書上篇教你如何採集八字，中篇教你如何排流年，本篇（下篇）就要教你如何批流年、論流年。

採集八字（本書上篇）→ 排流年（本書中篇）→ 批流年、論流年（本書下篇）

本人在出版本書以前，曾經出版《學會易經算命的第一本書》，該書以36位政商名流來共同見證易經神算的命理命運，本書卻只能以其中兩位（陳水扁和馬英九）作為舉例，因為排流年、批流年的步驟遠比「總命運」來得複雜多篇幅，本書之所以只以陳水扁和馬英九為例，乃是因為他們其中之一為現任總統（陳水扁），另外一位則為台北市長（馬英九）；一個為中央政府的最高首長，一個為地方政府的最高首長，不論本書的兩位首長，也不論「易經算命」中的36位政商名流，他們共同的特點就是普遍為世人所熟知，以他們具有公眾人物的身分來作為易經算命的見證，除了具有公信力之外，更能作為大家對於卦象的輔助理解，例如：陳水扁和馬英九的總命卦分別為大壯卦和賁卦（見易經神算第68頁和77頁），你由陳水扁和馬英九的平日風格和特色，就能瞭解大壯卦和賁卦的命理含義，因此，本書之所以引用政商名流作為舉例，其主要目的還是在於「藉由政商名流的平日作為、特色、功過，來實際瞭解易經命理的內涵」，藉由名人、時事、故事來解釋命理，乃是普遍的文學手法，例如：本書附錄G就是「以64個古代名人故事來輔助說明64卦的涵義」。

本書在中篇曾詳述了陳水扁和馬英九的流年排列法，在為他們兩人批流年、論流年時，最好先把他們的流年做成「流年譜」（如本篇第一節所示）。

排流年的最終目的就是要做成「流年譜」，有了流年譜，就可對於1～99歲的命運卦名一目了然；根據流年譜就可畫出流年曲線（如本篇第2節所示）；有了流年譜，就更容易批流年、論流年。

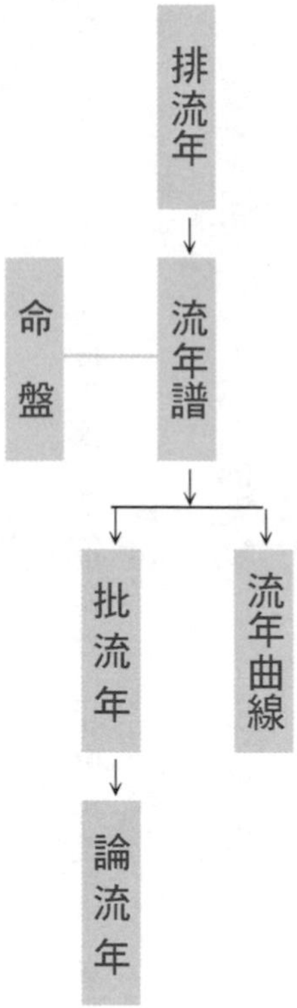

一、流年命盤（陳水扁、馬英九的流年譜）

本書中篇第四章節詳述了流年卦的推演排列，都是訴諸於文字，流年譜就是將這些排流年的結果，整理成統一格式的表格，這就是流年譜。事實上，流年譜非常類似「命盤」，如果就實質內涵意義而言，流年譜和命盤是完全相同的，只是名稱不同罷了，因此，讀者可以依照自己習慣而決定如何稱呼。

例一：陳水扁的流年譜（命盤）

陳水扁的國曆生日為1951年2月18日，八字就是19510218，由此推算出本命卦為「蒙」卦（見易經算命68頁），更進一步排出其「十年運」的流年卦為損卦、剝卦、蠱卦、未濟、渙卦、師卦（見本書第76頁），因此，其十年運的流年譜（命盤）表示如下：

1～10	11～20	21～30	31～40	41～50	51～60	61～70	71～80	81～90
損卦	剝卦	蠱卦	未濟	渙卦	師卦	損卦	剝卦	蠱卦

當然，亦可詳細排出陳水扁一生每一年的流年譜（命盤），但因篇幅太大，只能留待有緣人為之。

例二：馬英九的流年譜（命盤）

馬英九的國曆生日為1950年7月13日，八字就是19500713，由此推算本命卦為「既濟」卦（見易經算命第77頁），更進一步排出其「十年運」的流年卦為鶱卦、需卦、屯卦、革卦、明夷、家人（見本書第77頁），因此，其十年運的流年譜表示如下：

1～10	11～20	21～30	31～40	41～50	51～60	61～70	71～80	81～90
鶱卦	需卦	屯卦	革卦	明夷	家人	蹇卦	需卦	屯卦

當然，亦可詳細排出馬英九一生每一年的流年譜（命盤），但因篇幅太大，只能留待有緣人為之。

二、流年曲線（吉凶、禍福、壽命年限）

完成了流年譜（參閱本篇第一節）就可根據流年譜的易經卦名（例如：大有卦）的吉凶、禍福，畫出流年曲線，以橫軸為年歲軸，以縱軸為吉凶軸，就可分別畫出本命、財運、愛情、婚姻、身體等等的吉凶曲線，由此曲線即可一目了然於何時為凶、何時為吉，就像股票族高手要看股票漲跌曲線、就像身體檢查要看心跳曲線、就像地震儀要看震動曲線，因此，相命的大師級人物，有時也會幫你畫出流年曲線，不過，那可是要進一步的相命步驟了，除非你和相命大師有緣，否則，非出高價不可，就像一般體檢只是量量血壓、血糖，倘若想做進一步檢查，才做心電圖，最近過世的韋振甫先生，之所以被推算出「年不過九十」和「白髮人送黑髮人」，就是流年曲線所發揮的功效，當股票族高手分析股票漲跌曲線時，就能預測何時出手、何時脫手；流年曲線也同樣能預測何時由凶轉吉、何時由吉轉凶，尤有甚者，由身體健康的流年曲線，也能預測壽命年限為多少歲。

畫出了曲線，還要分析此曲線的意義，畫曲線分析曲線是一項更專業化的相命本事，並不是本書此章節的短短幾頁篇幅能述其一二，因此，以後有機會，將另闢篇幅再詳述，一般讀者只要瞭解有此「流年曲線」的存在即可，並不見得要去學習，必要時，可請相命師為你畫出「流年曲線」並分析之。

有不少學者專家，喜歡把相命歸類為「概率統計經驗學」，談到「概率」，就一定有概率曲線；談到「統計」，就一定有統計曲線；即使談到「經驗」，我們也時常聽到「經驗值」，因此，當提及流年曲線時，你或許已經嗅出濃濃的「科學」氣氛味道，相命本來就不能盡信，因此，古人才說：「盡信書，不如無書。」其實，科學也不可盡信，就連最科學唯物化的氣象預測，也常有失誤的情形，只要「真」的成分大於「假」的成分，這就是真，並非「全真」才叫真，這就是數位科學的判斷標準，非1就是0，非0就是1，我們常聽到「電腦是由0和1所構成」，就是如此的數位邏輯觀念，易經相命的陰陽真假也是如此，陰中雖帶少許的陽，亦為陰；陽中帶少許的陰，亦為陽，否則，就會陰陽不分、真假難辨！只要十拿九穩，就可進吉成功大收穫；倘若十全十美，那就人間難得幾回聞，就像易經「否」卦的天地完美交合成絕境！

三、批流年的眉批內容（易經64卦的文王卦詞）

排出了流年，又有了流年譜（參閱本篇第一節），就可根據「流年譜」上的卦名進行解讀、眉批或評論，通常每一卦的眉批內容不超過20個字，最典型代表的眉批，就是文王64卦的卦詞（文王64卦卦詞可參閱書店內的許多易經書籍，本書不再重複），例如：文王對於乾卦的眉批內容為「元亨利貞」。由於文王64卦的眉批內容過於精簡，因此，有不少諸子百家都相繼做補充說明，以幫助人們瞭解文王64卦的涵意，這就是有名的「易傳十翼」，分別為彖上、彖下、象上、象下、繫詞上、繫詞下、文言、說卦、序卦、雜卦，十翼中所謂的翼，就是幫助輔助之意，十翼就是幫助人們更瞭解64卦的涵意。除了十翼之外，還有不少近代人更以白話文的方式來解釋64卦，每個人都各有其專長和可取之處，此處盡以有家廟宇之靈籤作為眉批（參閱附錄G），該廟宇靈簽乃為林漢民先生熱心提供，謹表示感激，並公諸於世，以供大家參考。

由於文王64卦卦詞偏重於命運性格的概括性論述，並不是人們所盼望的「財運、愛情、婚姻、官運……」等實際議題，因此，也有不少大師根據「財運、愛情、婚姻、官運…」等議題來眉批流年，例如：紫微斗數就以12宮來分類（12宮分別為命宮、兄弟宮、夫妻宮、子女宮、疾厄宮、遷移宮、奴僕宮、官祿宮、田宅宮、福德宮、父母宮、財帛宮），又如本人著作《易經算命》，則是分為：命理、個性、戀愛、桃花、婚姻、夫妻、事業、錢財、老年、健康和亂世為人36計。

許多的相命大師都具有非常良好的相命經驗、人生經驗和能言善道的本事，因此，只要有了流年譜的卦名，他們大多能夠非常優秀地批流年，他們只是不會排流年罷了，因此，只要學會排流年，將每年命運安排一個「易經卦名」，那麼，幾乎所有相命大師就能侃侃而談「批流年、論流年」，因此，排流年是一個非常重要的基礎關鍵，相命師一定要學會排流年，否則，就是「不學無術」無根基，如何能夠批流年、論流年？這也就是為何本書花了絕大篇幅來介紹八字（上篇）和排流年（中篇），卻只在下篇略為提及批流年、論流年！

四、論流年的評論內容（易經十翼，百家爭鳴顯神通）

論流年的方式，其實和批流年差不多，只不過每個項目的論述內容更詳細，通常每個議題的評論文字為50～80字，不像批流年不超過20字，由於論流年和批流年的方式大致相同，因此，讀者可參閱本篇第三節，此處就不再重複。

「論流年」除了比「批流年」更詳細之外，通常也多了「前卦、後卦對照法」和「鑒往知來相對法」（參閱本篇第五節）。

列為相命十經的《三會通命》一書，認為「詩賦批八字，行文批流年」，這是非常貼切、實用的眉批論命的模式，八字乃出生八字的基本命運，是一生流年的起點、基準點，也是一生本質的基本面，故曰「本命」卦或「本命」運，由於八字的「本命」、「一生」命運涵蓋一生太漫長，因此，實在無法以「非常具體而微」的敘述（例如：1918年會發財賺了六百萬，而1920年卻被倒帳一千萬）來眉批八字，只能以泛泛總體而言的「詩賦」來概括承受，例如：「財運起伏一場空」，這就是《三會通命》所謂的「詩賦」，其實，有些讀者可能對「詩賦」和「行文」的分辨仍然不太瞭解，因此，不妨將「詩賦」比喻為籠統、原則、大致、泛泛、統稱；而將「行文」比喻為直接、明白、具體、白話，如果套句術語，便是批八字傾向於宏觀大方向，而批流年則是傾向於微觀小細節；但因宏觀微觀乃是相對而言，因此，眉批論命的詳細程度，就看相命大師和信徒的互動拿捏尺度了，同樣地亦可相對而言「詩賦批流年，行文論流年」，這也可理解為本書所言「批流年可以言簡意賅20字，論流年則可長篇大論詳細談！」

五、批流年的綜合論斷（世俗常用綜合法）

由於批流年和論流年的差異通常只是在於簡潔或詳細而已，因此，一般相命大師常將兩者融為一體，倒也不失為恰當、實用之舉，亦有學習、參考之價值，因此，簡介如下：

1、易經卦詞論斷法（靜態）
2、吉凶禍福判斷法（靜態）
3、酒色財運評斷法（靜態）
4、談古說今比喻法（靜態）
5、前卦後卦對照法（動態）
6、鑒往知來相對法（動態）

1、易經卦詞論斷法（靜態）

最原始根源卦詞就是《周易》卦詞了，但因周易卦詞過於言簡意深，以致常人不易瞭解，因此，古代諸多聖賢（包括孔子、朱熹）都做了更進一步的說明，這就是有名的《十翼》，《十翼》就是十種有關於卦詞闡述的書籍，讀者可以在圖書館、書局找到這《十翼》的著作，雖然《十翼》力圖將《周易》卦詞解釋得更清晰、透徹，但畢竟還是古人的文言文古體，因此，現代有不少人以「白話文」來解釋《周易》卦詞，這些白話文著作也值得讀者作為批流年、論流年的參考，白話文雖非《周易》卦詞的原文，但因文詞現代化易懂，並且更具有時代背景，因此，白話文《周易》更適合現代人作為瞭解易經的最佳途徑。

2、吉凶禍福判斷法（靜態）

64卦的每一卦都隱含著吉凶徵兆，對於吉凶的判斷，往往會隨著時代而有所不同，譬如以前說「女子無才便是德」，把「女子無才」認為是吉祥之兆，但在今日e世代，可就大不相同了，因此，對於64卦的吉凶判斷，除了尊重古代聖賢（例如：朱熹）的判斷，但也要面對現代環境的實用性，才能有客觀又實際的判斷，茲將64卦的吉凶表列如下：（可參閱《易經算命》47頁）

表二：64卦的吉凶判斷

上卦 / 下卦	乾☰（天）1	兌☱（澤）2	離☲（火）3	震☳（雷）4	巽☴（風）5	坎☵（水）6	艮☶（山）7	坤☷（地）8
乾☰（天）1	乾（吉）	夬（平）	大有（吉）	大壯（平）	小畜（平）	需（平）	大畜（吉）	泰（吉）
兌☱（澤）2	履（吉）	兌（吉）	睽（凶）	歸妹（凶）	中孚（平）	節（平）	損（凶）	臨（平）
離☲（火）3	同人（吉）	革（吉）	離（吉）	豐（吉）	家人（吉）	既濟（吉）	賁（吉）	明夷（凶）
震☳（雷）4	無妄（凶）	隨（吉）	噬磕（平）	震（平）	益（吉）	屯（平）	頤（吉）	復（吉）
巽☴（風）5	姤（平）	大過（凶）	鼎（吉）	恆（吉）	巽（平）	井（平）	蠱（凶）	升（吉）
坎☵（水）6	訟（凶）	困（凶）	未濟（凶）	解（吉）	渙（平）	坎（凶）	蒙（平）	師（平）
艮☶（山）7	遜（凶）	咸（吉）	旅（凶）	小過（平）	漸（吉）	蹇（凶）	艮（平）	謙（吉）
坤☷（地）8	否（凶）	萃（吉）	晉（吉）	豫（吉）	觀（平）	比（吉）	剝（凶）	坤（吉）

由上表可知：

11乾卦，12履卦，13同人，14無妄，15姤卦，16訟卦，17遯卦，18否卦
（吉）（吉）（吉）（凶）（平）（凶）（凶）（凶）

21夬卦，22兌卦，23革卦，24隨卦，25大過，26困卦，27咸卦，28萃卦
（平）（吉）（吉）（吉）（凶）（凶）（吉）（吉）

31大有，32睽卦，33離卦，34噬嗑，35鼎卦，36未濟，37旅卦，38晉卦
（吉）（凶）（吉）（平）（吉）（凶）（凶）（吉）

41大壯，42歸妹，43豐卦，44震卦，45　卦，46解卦，47小過，48豫卦
（平）（凶）（吉）（平）（吉）（吉）（平）（吉）

51小畜，52中孚，53家人，54益卦，55巽卦，56渙卦，57漸卦，58觀卦
（平）（平）（吉）（吉）（平）（平）（吉）（平）

61需卦，62節卦，63既濟，64屯卦，65井卦，66坎卦，67蹇卦，68比卦
（平）（平）（吉）（平）（平）（凶）（凶）（吉）

71大畜，72損卦，73賁卦，74頤卦，75蠱卦，76蒙卦，77艮卦，78剝卦

（吉）（凶）（吉）（吉）（凶）（平）（平）（凶）

81泰卦，82臨卦，83明夷，84復卦，85升卦，86師卦，87謙卦，88坤卦

（吉）（平）（凶）（吉）（吉）（平）（吉）（吉）

進吉　平靜　凶退　算命知命知進退

進吉：即使處於「吉利吉祥」之好運時刻，但也要「進」，有所行動才算是真正的「吉祥好運」；反之，即使處於「吉祥好運」時刻，倘若不知把握不前進，那也是徒有良機，也就不能算是「吉」了，我們之所以要算命排流年，就是要知道何時、何地為吉，才能適時、適地地前進把握好時機。

平靜：當命運為不好、不壞的平平狀態時，就要保持靜觀其變的靜止狀態，不可冒進，也不可退卻，俗語所謂的「平安是福」，就是此處所謂的「平靜」，當運氣平平時就要泰然處之、悠然面對，一切因緣自有良機在蘊釀萌芽！

凶退：即使處於「凶」，倘若能夠及時退避，也可能「逢凶化吉」，有時甚至「壞

事變好事」，因此，算命的目的並不是消極宿命論，俗話常說「危機就是轉機」、「不入虎穴，焉得虎子」、「塞翁失馬，焉知非福」，因此，當你明知為「凶」時，倘若能夠勇於退避，那就不只能夠「轉危為安」，更能「以退為進」大有收成！

3、酒色財氣評斷法（靜態）

64卦的卦詞涵意不論是文言文或白話文，都是籠統義理的概括之詞，並無法滿足世人對於功名、利祿、愛情的迫切答案，世人總是急於想知道自己是否會發財，但卻無耐心去體會「要如何才能賺錢」，因此，各相命術為了順應世人「急功速成」的快易通心理，就根據《周易》卦詞的涵意，而將卦詞應用於酒、色、財、氣、喜、怒、哀、樂、吉、凶的直接答案，例如：紫微斗數就分類為12宮，分別為命宮、兄弟宮、夫妻宮、子女宮、財帛宮、疾厄宮、遷移宮、奴僕宮、官祿宮、田宅宮、福德宮、父母宮；而本人著作《易經神算》，則是分為個性優點、個性缺點、戀愛桃花、婚姻夫妻、事業財運、老年健康和亂世為人36計（參閱《易經算命》第182頁）；當然，還有不少大師將它分得更細、更具體，都具有其特色、價值、可讀性，值得讀者去參閱、體會。

4、談古說今比喻法（靜態）

易經64卦，每卦固然有其各自的卦詞，但也有其相關的64種現象，甚至有其相關的不同故事，因此，以故事來比喻卦義，也是一種雅俗共賞的詮釋方法，以64個家喻戶曉的故事來解釋64個卦象的涵意，就是此處所謂的「談古說今比喻法」的一種例子，附錄G就是這64個故事的比喻法，可以作為批流年的參考。

5、前卦後卦對照法（動態）

《易經》是所有中國相命術的源頭，《易經》之所以傳承千百年而益加盛行，其價值在於前後一貫有生命力，上述的第1、2、3、4項皆為靜態批論法，例如：「師」卦就是師卦的卦詞，那是永遠不變的，這就是所謂的靜態。但是，倘若甲在31歲為需卦，32歲才為師卦，則此時的師卦，便成為「有所需要才名正言順地師出有名，因而容易旗開得勝」；反之，倘若甲在31歲為坎卦，32歲為師卦，則此時的師卦，便成為「處於困境無援時，只有困獸之鬥拼生死，雖是背水一戰，有破釜沈舟之決心，但終將孤立無援而出師不利」。

6、鑒往知來相對法（動態）

排流年、批流年的目的，乃是在於預知將來的吉凶，因而有所進退，排流年、批流年的目的並不在於追憶過去，但是，對於「過去」的訊息掌握愈清楚，就會對「未來」愈瞭解，就像醫生對病人病歷越瞭解，就愈有助於找出病因而對症下藥，例如：甲今年的命理為「大有」卦，但若甲去年存款只是區區幾百元，那麼，今年雖是「大有」，存款也只不過幾千、幾萬元罷了；反之，倘若甲在去年已有幾萬元的存款，則今年「大有」卦將代表他的存款會有幾十萬、幾百萬，這也就是「鑒往知來」的相對論，在實務操作中，「鑒往知來」算是一種較常用的批論法。

◆附錄篇：

附錄A：十年運（大運）的流年命盤

列舉64卦的「十年運」流年命盤，其次序、卦數、卦名及頁數如下：

次序	卦數	卦名	頁數
1	11	乾	139頁
2	12	履	139頁
3	13	同人	140頁
4	14	無妄	140頁
5	15	姤	141頁
6	16	訟	141頁
7	17	遯	142頁
8	18	否	142頁
9	21	夬	143頁
10	22	兌	143頁
11	23	革	144頁
12	24	隨	144頁
13	25	大過	145頁
14	26	困	145頁
15	27	咸	146頁
16	28	萃	146頁

次序	卦數	卦名	頁數
17	31	大有	147頁
18	32	睽	147頁
19	33	離	148頁
20	34	噬磕	148頁
21	35	鼎	149頁
22	36	未濟	149頁
23	37	旅	150頁
24	38	晉	150頁
25	41	大壯	151頁
26	42	歸妹	151頁
27	43	豐	152頁
28	44	震	152頁
29	45	恆	153頁
30	46	解	153頁
31	47	小過	154頁
32	48	豫	154頁

次序	卦數	卦名	頁數
49	71	大畜	163頁
50	72	損	163頁
51	73	賁	164頁
52	74	頤	164頁
53	75	蠱	165頁
54	76	蒙	165頁
55	77	艮	166頁
56	78	剝	166頁
57	81	泰	167頁
58	82	臨	167頁
59	83	明夷	168頁
60	84	復	168頁
61	85	升	169頁
62	86	師	169頁
63	87	謙	170頁
64	88	坤	170頁

次序	卦數	卦名	頁數
33	51	小畜	155頁
34	52	中孚	155頁
35	53	家人	156頁
36	54	益	156頁
37	55	巽	157頁
38	56	渙	157頁
39	57	漸	158頁
40	58	觀	158頁
41	61	需	159頁
42	62	節	159頁
43	63	既濟	160頁
44	64	屯	160頁
45	65	井	161頁
46	66	坎	161頁
47	67	蹇	162頁
48	68	比	162頁

1、乾卦。十年運（大運）的流年命盤

基本卦	初爻變	二爻變	三爻變	四爻變	五爻變	上爻變
乾	姤	同人	履	小畜	大有	夬
（本命運）	1~10歲	11~20歲	21~30歲	31~40歲	41~50歲	51~60歲
（身世運）	61~70歲	71~80歲	81~90歲	91~100歲	101~110歲	111~120歲

2、履卦。十年運（大運）的流年命盤

基本卦	初爻變	二爻變	三爻變	四爻變	五爻變	上爻變
履	訟	無妄	乾	中孚	睽	兌
（本命運）	1~10歲	11~20歲	21~30歲	31~40歲	41~50歲	51~60歲
（身世運）	61~70歲	71~80歲	81~90歲	91~100歲	101~110歲	111~120歲

3、同人卦。十年運（大運）的流年命盤

基本卦	初爻變	二爻變	三爻變	四爻變	五爻變	上爻變
同人	遯	乾	無妄	家人	離	革
（本命運）	1~10歲	11~20歲	21~30歲	31~40歲	41~50歲	51~60歲
（身世運）	61~70歲	71~80歲	81~90歲	91~100歲	101~110歲	111~120歲

4、無妄卦。十年運（大運）的流年命盤

基本卦	初爻變	二爻變	三爻變	四爻變	五爻變	上爻變
無妄	否	履	同人	益	噬磕	隨
（本命運）	1~10歲	11~20歲	21~30歲	31~40歲	41~50歲	51~60歲
（身世運）	61~70歲	71~80歲	81~90歲	91~100歲	101~110歲	111~120歲

5、姤卦。十年運（大運）的流年命盤

基本卦	初爻變	二爻變	三爻變	四爻變	五爻變	上爻變
姤	乾	遯	訟	巽	鼎	大過
（本命運）	1~10歲	11~20歲	21~30歲	31~40歲	41~50歲	51~60歲
（身世運）	61~70歲	71~80歲	81~90歲	91~100歲	101~110歲	111~120歲

6、訟卦。十年運（大運）的流年命盤

基本卦	初爻變	二爻變	三爻變	四爻變	五爻變	上爻變
訟	履	否	姤	渙	未濟	困
（本命運）	1~10歲	11~20歲	21~30歲	31~40歲	41~50歲	51~60歲
（身世運）	61~70歲	71~80歲	81~90歲	91~100歲	101~110歲	111~120歲

7、遯卦。十年運（大運）的流年命盤

基本卦	初爻變	二爻變	三爻變	四爻變	五爻變	上爻變
遯	同人	姤	否	漸	旅	咸
（本命運）	1～10歲	11～20歲	21～30歲	31～40歲	41～50歲	51～60歲
（身世運）	61～70歲	71～80歲	81～90歲	91～100歲	101～110歲	111～120歲

8、否卦。十年運（大運）的流年命盤

基本卦	初爻變	二爻變	三爻變	四爻變	五爻變	上爻變
否	無妄	訟	遯	觀	晉	萃
（本命運）	1～10歲	11～20歲	21～30歲	31～40歲	41～50歲	51～60歲
（身世運）	61～70歲	71～80歲	81～90歲	91～100歲	101～110歲	111～120歲

9、夬卦。十年運（大運）的流年命盤

基本卦	初爻變	二爻變	三爻變	四爻變	五爻變	上爻變
夬	大過	革	兌	需	大壯	乾
（本命運）	1~10歲	11~20歲	21~30歲	31~40歲	41~50歲	51~60歲
（身世運）	61~70歲	71~80歲	81~90歲	91~100歲	101~110歲	111~120歲

10、兌卦。十年運（大運）的流年命盤

基本卦	初爻變	二爻變	三爻變	四爻變	五爻變	上爻變
兌	困	隨	夬	節	歸妹	履
（本命運）	1~10歲	11~20歲	21~30歲	31~40歲	41~50歲	51~60歲
（身世運）	61~70歲	71~80歲	81~90歲	91~100歲	101~110歲	111~120歲

11、革卦。十年運（大運）的流年命盤

基本卦	初爻變	二爻變	三爻變	四爻變	五爻變	上爻變
革	咸	夬	隨	既濟	豐	同人
（本命運）	1~10歲	11~20歲	21~30歲	31~40歲	41~50歲	51~60歲
（身世運）	61~70歲	71~80歲	81~90歲	91~100歲	101~110歲	111~120歲

12、隨卦。十年運（大運）的流年命盤

基本卦	初爻變	二爻變	三爻變	四爻變	五爻變	上爻變
隨	萃	兌	革	屯	震	無妄
（本命運）	1~10歲	11~20歲	21~30歲	31~40歲	41~50歲	51~60歲
（身世運）	61~70歲	71~80歲	81~90歲	91~100歲	101~110歲	111~120歲

13、大過卦。十年運（大運）的流年命盤

基本卦	初爻變	二爻變	三爻變	四爻變	五爻變	上爻變
大過	夬	咸	困	井	恆	姤
（本命運）	1~10歲	11~20歲	21~30歲	31~40歲	41~50歲	51~60歲
（身世運）	61~70歲	71~80歲	81~90歲	91~100歲	101~110歲	111~120歲

14、困卦。十年運（大運）的流年命盤

基本卦	初爻變	二爻變	三爻變	四爻變	五爻變	上爻變
困	兌	萃	大過	坎	解	訟
（本命運）	1~10歲	11~20歲	21~30歲	31~40歲	41~50歲	51~60歲
（身世運）	61~70歲	71~80歲	81~90歲	91~100歲	101~110歲	111~120歲

15、咸卦。十年運（大運）的流年命盤

基本卦	咸	（本命運）	（身世運）
初爻變	革	1～10歲	61～70歲
二爻變	大過	11～20歲	71～80歲
三爻變	萃	21～30歲	81～90歲
四爻變	蹇	31～40歲	91～100歲
五爻變	小過	41～50歲	101～110歲
上爻變	遯	51～60歲	111～120歲

16、萃卦。十年運（大運）的流年命盤

基本卦	萃	（本命運）	（身世運）
初爻變	隨	1～10歲	61～70歲
二爻變	困	11～20歲	71～80歲
三爻變	咸	21～30歲	81～90歲
四爻變	比	31～40歲	91～100歲
五爻變	豫	41～50歲	101～110歲
上爻變	否	51～60歲	111～120歲

17、大有卦。十年運（大運）的流年命盤

基本卦	初爻變	二爻變	三爻變	四爻變	五爻變	上爻變
大有	鼎	離	睽	大畜	乾	大壯
（本命運）	1~10歲	11~20歲	21~30歲	31~40歲	41~50歲	51~60歲
（身世運）	61~70歲	71~80歲	81~90歲	91~100歲	101~110歲	111~120歲

18、睽卦。十年運（大運）的流年命盤

基本卦	初爻變	二爻變	三爻變	四爻變	五爻變	上爻變
睽	未濟	噬磕	大有	損	履	歸妹
（本命運）	1~10歲	11~20歲	21~30歲	31~40歲	41~50歲	51~60歲
（身世運）	61~70歲	71~80歲	81~90歲	91~100歲	101~110歲	111~120歲

19、離卦。十年運（大運）的流年命盤

基本卦	初爻變	二爻變	三爻變	四爻變	五爻變	上爻變
離	旅	大有	噬嗑	賁	同人	豐
（本命運）	1～10歲	11～20歲	21～30歲	31～40歲	41～50歲	51～60歲
（身世運）	61～70歲	71～80歲	81～90歲	91～100歲	101～110歲	111～120歲

20、噬嗑卦。十年運（大運）的流年命盤

基本卦	初爻變	二爻變	三爻變	四爻變	五爻變	上爻變
噬嗑	晉	睽	離	頤	無妄	震
（本命運）	1～10歲	11～20歲	21～30歲	31～40歲	41～50歲	51～60歲
（身世運）	61～70歲	71～80歲	81～90歲	91～100歲	101～110歲	111～120歲

21、鼎卦。十年運（大運）的流年命盤

基本卦	初爻變	二爻變	三爻變	四爻變	五爻變	上爻變
鼎	大有	旅	未濟	蠱	姤	恆
（本命運）	1~10歲	11~20歲	21~30歲	31~40歲	41~50歲	51~60歲
（身世運）	61~70歲	71~80歲	81~90歲	91~100歲	101~110歲	111~120歲

22、未濟卦。十年運（大運）的流年命盤

基本卦	初爻變	二爻變	三爻變	四爻變	五爻變	上爻變
未濟	睽	晉	鼎	蒙	訟	解
（本命運）	1~10歲	11~20歲	21~30歲	31~40歲	41~50歲	51~60歲
（身世運）	61~70歲	71~80歲	81~90歲	91~100歲	101~110歲	111~120歲

23、旅卦。十年運（大運）的流年命盤

基本卦	初爻變	二爻變	三爻變	四爻變	五爻變	上爻變
旅	離	鼎	晉	艮	遯	小過
（本命運）	1~10歲	11~20歲	21~30歲	31~40歲	41~50歲	51~60歲
（身世運）	61~70歲	71~80歲	81~90歲	91~100歲	101~110歲	111~120歲

24、晉卦。十年運（大運）的流年命盤

基本卦	初爻變	二爻變	三爻變	四爻變	五爻變	上爻變
晉	噬嗑	未濟	旅	剝	否	豫
（本命運）	1~10歲	11~20歲	21~30歲	31~40歲	41~50歲	51~60歲
（身世運）	61~70歲	71~80歲	81~90歲	91~100歲	101~110歲	111~120歲

25、大壯卦。十年運（大運）的流年命盤

基本卦	初爻變	二爻變	三爻變	四爻變	五爻變	上爻變
大壯	恆	豐	歸妹	泰	夬	大有
（本命運）	1~10歲	11~20歲	21~30歲	31~40歲	41~50歲	51~60歲
（身世運）	61~70歲	71~80歲	81~90歲	91~100歲	101~110歲	111~120歲

26、歸妹卦。十年運（大運）的流年命盤

基本卦	初爻變	二爻變	三爻變	四爻變	五爻變	上爻變
歸妹	解	震	大壯	臨	兌	睽
（本命運）	1~10歲	11~20歲	21~30歲	31~40歲	41~50歲	51~60歲
（身世運）	61~70歲	71~80歲	81~90歲	91~100歲	101~110歲	111~120歲

27、豐卦。十年運（大運）的流年命盤

基本卦	初爻變	二爻變	三爻變	四爻變	五爻變	上爻變
豐	小過	大壯	震	明夷	革	離
（本命運）	1~10歲	11~20歲	21~30歲	31~40歲	41~50歲	51~60歲
（身世運）	61~70歲	71~80歲	81~90歲	91~100歲	101~110歲	111~120歲

28、震卦。十年運（大運）的流年命盤

基本卦	初爻變	二爻變	三爻變	四爻變	五爻變	上爻變
震	豫	歸妹	豐	復	隨	噬嗑
（本命運）	1~10歲	11~20歲	21~30歲	31~40歲	41~50歲	51~60歲
（身世運）	61~70歲	71~80歲	81~90歲	91~100歲	101~110歲	111~120歲

29、恆卦。十年運（大運）的流年命盤

基本卦	初爻變	二爻變	三爻變	四爻變	五爻變	上爻變
恆	大壯	小過	解	升	大過	鼎
（本命運）	1~10歲	11~20歲	21~30歲	31~40歲	41~50歲	51~60歲
（身世運）	61~70歲	71~80歲	81~90歲	91~100歲	101~110歲	111~120歲

30、解卦。十年運（大運）的流年命盤

基本卦	初爻變	二爻變	三爻變	四爻變	五爻變	上爻變
解	歸妹	豫	恆	師	困	未濟
（本命運）	1~10歲	11~20歲	21~30歲	31~40歲	41~50歲	51~60歲
（身世運）	61~70歲	71~80歲	81~90歲	91~100歲	101~110歲	111~120歲

31、小過卦。十年運（大運）的流年命盤

基本卦	初爻變	二爻變	三爻變	四爻變	五爻變	上爻變
小過	豐	恆	豫	謙	咸	旅
（本命運）	1~10歲	11~20歲	21~30歲	31~40歲	41~50歲	51~60歲
（身世運）	61~70歲	71~80歲	81~90歲	91~100歲	101~110歲	111~120歲

32、豫卦。十年運（大運）的流年命盤

基本卦	初爻變	二爻變	三爻變	四爻變	五爻變	上爻變
豫	震	解	小過	坤	萃	晉
（本命運）	1~10歲	11~20歲	21~30歲	31~40歲	41~50歲	51~60歲
（身世運）	61~70歲	71~80歲	81~90歲	91~100歲	101~110歲	111~120歲

33、小畜卦。十年運（大運）的流年命盤

基本卦	初爻變	二爻變	三爻變	四爻變	五爻變	上爻變
小畜	巽	家人	中孚	乾	大畜	需
（本命運）	1~10歲	11~20歲	21~30歲	31~40歲	41~50歲	51~60歲
（身世運）	61~70歲	71~80歲	81~90歲	91~100歲	101~110歲	111~120歲

34、中孚卦。十年運（大運）的流年命盤

基本卦	初爻變	二爻變	三爻變	四爻變	五爻變	上爻變
中孚	渙	益	小畜	履	損	節
（本命運）	1~10歲	11~20歲	21~30歲	31~40歲	41~50歲	51~60歲
（身世運）	61~70歲	71~80歲	81~90歲	91~100歲	101~110歲	111~120歲

35、家人卦。十年運（大運）的流年命盤

基本卦	初爻變	二爻變	三爻變	四爻變	五爻變	上爻變
家人	漸	小畜	益	同人	賁	既濟
（本命運）	1~10歲	11~20歲	21~30歲	31~40歲	41~50歲	51~60歲
（身世運）	61~70歲	71~80歲	81~90歲	91~100歲	101~110歲	111~120歲

36、益卦。十年運（大運）的流年命盤

基本卦	初爻變	二爻變	三爻變	四爻變	五爻變	上爻變
益	觀	中孚	家人	無妄	頤	屯
（本命運）	1~10歲	11~20歲	21~30歲	31~40歲	41~50歲	51~60歲
（身世運）	61~70歲	71~80歲	81~90歲	91~100歲	101~110歲	111~120歲

37、巽卦。十年運（大運）的流年命盤

基本卦	初爻變	二爻變	三爻變	四爻變	五爻變	上爻變
巽	小畜	漸	渙	姤	蠱	井
（本命運）	1~10歲	11~20歲	21~30歲	31~40歲	41~50歲	51~60歲
（身世運）	61~70歲	71~80歲	81~90歲	91~100歲	101~110歲	111~120歲

38、渙卦。十年運（大運）的流年命盤

基本卦	初爻變	二爻變	三爻變	四爻變	五爻變	上爻變
渙	中孚	觀	巽	訟	蒙	坎
（本命運）	1~10歲	11~20歲	21~30歲	31~40歲	41~50歲	51~60歲
（身世運）	61~70歲	71~80歲	81~90歲	91~100歲	101~110歲	111~120歲

39、漸卦。十年運（大運）的流年命盤

基本卦	初爻變	二爻變	三爻變	四爻變	五爻變	上爻變
漸	家人	巽	觀	遯	艮	蹇
（本命運）	1~10歲	11~20歲	21~30歲	31~40歲	41~50歲	51~60歲
（身世運）	61~70歲	71~80歲	81~90歲	91~100歲	101~110歲	111~120歲

40、觀卦。十年運（大運）的流年命盤

基本卦	初爻變	二爻變	三爻變	四爻變	五爻變	上爻變
觀	巽	渙	漸	否	剝	比
（本命運）	1~10歲	11~20歲	21~30歲	31~40歲	41~50歲	51~60歲
（身世運）	61~70歲	71~80歲	81~90歲	91~100歲	101~110歲	111~120歲

41、需卦。十年運（大運）的流年命盤

基本卦	初爻變	二爻變	三爻變	四爻變	五爻變	上爻變
需	井	既濟	節	夬	泰	小畜
（本命運）	1~10歲	11~20歲	21~30歲	31~40歲	41~50歲	51~60歲
（身世運）	61~70歲	71~80歲	81~90歲	91~100歲	101~110歲	111~120歲

42、節卦。十年運（大運）的流年命盤

基本卦	初爻變	二爻變	三爻變	四爻變	五爻變	上爻變
節	坎	屯	需	兌	臨	中孚
（本命運）	1~10歲	11~20歲	21~30歲	31~40歲	41~50歲	51~60歲
（身世運）	61~70歲	71~80歲	81~90歲	91~100歲	101~110歲	111~120歲

43、既濟卦。十年運（大運）的流年命盤

基本卦	初爻變	二爻變	三爻變	四爻變	五爻變	上爻變
既濟	蹇	需	屯	革	明夷	家人
（本命運）	1～10歲	11～20歲	21～30歲	31～40歲	41～50歲	51～60歲
（身世運）	61～70歲	71～80歲	81～90歲	91～100歲	101～110歲	111～120歲

44、屯卦。十年運（大運）的流年命盤

基本卦	初爻變	二爻變	三爻變	四爻變	五爻變	上爻變
屯	比	節	既濟	隨	復	益
（本命運）	1～10歲	11～20歲	21～30歲	31～40歲	41～50歲	51～60歲
（身世運）	61～70歲	71～80歲	81～90歲	91～100歲	101～110歲	111～120歲

45、井卦。十年運（大運）的流年命盤

基本卦	初爻變	二爻變	三爻變	四爻變	五爻變	上爻變
井	需	蹇	坎	大過	升	巽
（本命運）	1~10歲	11~20歲	21~30歲	31~40歲	41~50歲	51~60歲
（身世運）	61~70歲	71~80歲	81~90歲	91~100歲	101~110歲	111~120歲

46、坎卦。十年運（大運）的流年命盤

基本卦	初爻變	二爻變	三爻變	四爻變	五爻變	上爻變
坎	節	比	井	困	師	渙
（本命運）	1~10歲	11~20歲	21~30歲	31~40歲	41~50歲	51~60歲
（身世運）	61~70歲	71~80歲	81~90歲	91~100歲	101~110歲	111~120歲

47、蹇卦。十年運（大運）的流年命盤

基本卦	初爻變	二爻變	三爻變	四爻變	五爻變	上爻變
蹇	既濟	井	比	咸	謙	漸
（本命運）	1~10歲	11~20歲	21~30歲	31~40歲	41~50歲	51~60歲
（身世運）	61~70歲	71~80歲	81~90歲	91~100歲	101~110歲	111~120歲

48、比卦。十年運（大運）的流年命盤

基本卦	初爻變	二爻變	三爻變	四爻變	五爻變	上爻變
比	屯	坎	蹇	萃	坤	觀
（本命運）	1~10歲	11~20歲	21~30歲	31~40歲	41~50歲	51~60歲
（身世運）	61~70歲	71~80歲	81~90歲	91~100歲	101~110歲	111~120歲

49、大畜卦。十年運（大運）的流年命盤

基本卦	初爻變	二爻變	三爻變	四爻變	五爻變	上爻變
大畜	蠱	賁	損	大有	小畜	泰
（本命運）	1~10歲	11~20歲	21~30歲	31~40歲	41~50歲	51~60歲
（身世運）	61~70歲	71~80歲	81~90歲	91~100歲	101~110歲	111~120歲

50、損卦。十年運（大運）的流年命盤

基本卦	初爻變	二爻變	三爻變	四爻變	五爻變	上爻變
損	蒙	頤	大畜	睽	中孚	臨
（本命運）	1~10歲	11~20歲	21~30歲	31~40歲	41~50歲	51~60歲
（身世運）	61~70歲	71~80歲	81~90歲	91~100歲	101~110歲	111~120歲

51、賁卦。十年運（大運）的流年命盤

基本卦	初爻變	二爻變	三爻變	四爻變	五爻變	上爻變
賁	艮	大畜	頤	離	家人	明夷
（本命運）	1~10歲	11~20歲	21~30歲	31~40歲	41~50歲	51~60歲
（身世運）	61~70歲	71~80歲	81~90歲	91~100歲	101~110歲	111~120歲

52、頤卦。十年運（大運）的流年命盤

基本卦	初爻變	二爻變	三爻變	四爻變	五爻變	上爻變
頤	剝	損	賁	噬嗑	益	復
（本命運）	1~10歲	11~20歲	21~30歲	31~40歲	41~50歲	51~60歲
（身世運）	61~70歲	71~80歲	81~90歲	91~100歲	101~110歲	111~120歲

53、蠱卦。十年運（大運）的流年命盤

基本卦	初爻變	二爻變	三爻變	四爻變	五爻變	上爻變
蠱	大畜	艮	蒙	鼎	巽	升
（本命運）	1~10歲	11~20歲	21~30歲	31~40歲	41~50歲	51~60歲
（身世運）	61~70歲	71~80歲	81~90歲	91~100歲	101~110歲	111~120歲

54、蒙卦。十年運（大運）的流年命盤

基本卦	初爻變	二爻變	三爻變	四爻變	五爻變	上爻變
蒙	損	剝	蠱	未濟	渙	師
（本命運）	1~10歲	11~20歲	21~30歲	31~40歲	41~50歲	51~60歲
（身世運）	61~70歲	71~80歲	81~90歲	91~100歲	101~110歲	111~120歲

55、艮卦。十年運（大運）的流年命盤

基本卦	初爻變	二爻變	三爻變	四爻變	五爻變	上爻變
艮	賁	蠱	剝	旅	漸	謙
（本命運）	1~10歲	11~20歲	21~30歲	31~40歲	41~50歲	51~60歲
（身世運）	61~70歲	71~80歲	81~90歲	91~100歲	101~110歲	111~120歲

56、剝卦。十年運（大運）的流年命盤

基本卦	初爻變	二爻變	三爻變	四爻變	五爻變	上爻變
剝	頤	蒙	艮	晉	觀	坤
（本命運）	1~10歲	11~20歲	21~30歲	31~40歲	41~50歲	51~60歲
（身世運）	61~70歲	71~80歲	81~90歲	91~100歲	101~110歲	111~120歲

57、泰卦。十年運（大運）的流年命盤

基本卦	初爻變	二爻變	三爻變	四爻變	五爻變	上爻變
泰	升	明夷	臨	大壯	需	大畜
（本命運）	1~10歲	11~20歲	21~30歲	31~40歲	41~50歲	51~60歲
（身世運）	61~70歲	71~80歲	81~90歲	91~100歲	101~110歲	111~120歲

58、臨卦。十年運（大運）的流年命盤

基本卦	初爻變	二爻變	三爻變	四爻變	五爻變	上爻變
臨	師	復	泰	歸妹	節	損
（本命運）	1~10歲	11~20歲	21~30歲	31~40歲	41~50歲	51~60歲
（身世運）	61~70歲	71~80歲	81~90歲	91~100歲	101~110歲	111~120歲

59、明夷卦。十年運（大運）的流年命盤

基本卦	初爻變	二爻變	三爻變	四爻變	五爻變	上爻變
明夷	謙	泰	復	豐	既濟	賁
（本命運）	1~10歲	11~20歲	21~30歲	31~40歲	41~50歲	51~60歲
（身世運）	61~70歲	71~80歲	81~90歲	91~100歲	101~110歲	111~120歲

60、復卦。十年運（大運）的流年命盤

基本卦	初爻變	二爻變	三爻變	四爻變	五爻變	上爻變
復	坤	臨	明夷	震	屯	頤
（本命運）	1~10歲	11~20歲	21~30歲	31~40歲	41~50歲	51~60歲
（身世運）	61~70歲	71~80歲	81~90歲	91~100歲	101~110歲	111~120歲

61、升卦。十年運（大運）的流年命盤

基本卦	初爻變	二爻變	三爻變	四爻變	五爻變	上爻變
升	泰	謙	師	恆	井	蠱
（本命運）	1~10歲	11~20歲	21~30歲	31~40歲	41~50歲	51~60歲
（身世運）	61~70歲	71~80歲	81~90歲	91~100歲	101~110歲	111~120歲

62、師卦。十年運（大運）的流年命盤

基本卦	初爻變	二爻變	三爻變	四爻變	五爻變	上爻變
師	臨	坤	升	解	坎	蒙
（本命運）	1~10歲	11~20歲	21~30歲	31~40歲	41~50歲	51~60歲
（身世運）	61~70歲	71~80歲	81~90歲	91~100歲	101~110歲	111~120歲

63、謙卦。十年運（大運）的流年命盤

基本卦	初爻變	二爻變	三爻變	四爻變	五爻變	上爻變
謙	明夷	升	坤	小過	蹇	艮
（本命運）	1~10歲	11~20歲	21~30歲	31~40歲	41~50歲	51~60歲
（身世運）	61~70歲	71~80歲	81~90歲	91~100歲	101~110歲	111~120歲

64、坤卦。十年運（大運）的流年命盤

基本卦	初爻變	二爻變	三爻變	四爻變	五爻變	上爻變
坤	復	師	謙	豫	比	剝
（本命運）	1~10歲	11~20歲	21~30歲	31~40歲	41~50歲	51~60歲
（身世運）	61~70歲	71~80歲	81~90歲	91~100歲	101~110歲	111~120歲

附錄B：流年運（小運）的流年命盤

列舉64卦的流年命盤，其次序、卦數、卦名及頁數如下：

次序	卦數	卦名	頁數
1	11	乾	173頁
2	12	履	173頁
3	13	同人	174頁
4	14	無妄	174頁
5	15	姤	175頁
6	16	訟	175頁
7	17	遯	176頁
8	18	否	176頁
9	21	夬	177頁
10	22	兌	177頁
11	23	革	178頁
12	24	隨	178頁
13	25	大過	179頁
14	26	困	179頁
15	27	咸	180頁
16	28	萃	180頁

次序	卦數	卦名	頁數
17	31	大有	181頁
18	32	睽	181頁
19	33	離	182頁
20	34	噬磕	182頁
21	35	鼎	183頁
22	36	未濟	183頁
23	37	旅	184頁
24	38	晉	184頁
25	41	大壯	185頁
26	42	歸妹	185頁
27	43	豐	186頁
28	44	震	186頁
29	45	一	187頁
30	46	解	187頁
31	47	小過	188頁
32	48	豫	188頁

次序	卦數	卦名	頁數
49	71	大畜	197頁
50	72	損	197頁
51	73	賁	198頁
52	74	頤	198頁
53	75	蠱	199頁
54	76	蒙	199頁
55	77	艮	200頁
56	78	剝	200頁
57	81	泰	201頁
58	82	臨	201頁
59	83	明夷	202頁
60	84	復	202頁
61	85	升	203頁
62	86	師	203頁
63	87	謙	204頁
64	88	坤	204頁

次序	卦數	卦名	頁數
33	51	小畜	189頁
34	52	中孚	189頁
35	53	家人	190頁
36	54	益	190頁
37	55	巽	191頁
38	56	渙	191頁
39	57	漸	192頁
40	58	觀	192頁
41	61	需	193頁
42	62	節	193頁
43	63	既濟	194頁
44	64	屯	194頁
45	65	井	195頁
46	66	坎	195頁
47	67	蹇	196頁
48	68	比	196頁

1、乾卦。流年卦的流年命盤

基本卦	初爻變	二爻變	三爻變	四爻變	五爻變	上爻變
乾	姤	同人	履	小畜	大有	夬
十年卦（大運）	1歲	2歲	3歲	4歲	5歲	6歲
	7歲	8歲	9歲	10歲	太極	太極

2、履卦。流年卦的流年命盤

基本卦	初爻變	二爻變	三爻變	四爻變	五爻變	上爻變
履	訟	無妄	乾	中孚	睽	兌
十年卦（大運）	1歲	2歲	3歲	4歲	5歲	6歲
	7歲	8歲	9歲	10歲	太極	太極

3、同人卦。流年卦的流年命盤

基本卦	初爻變	二爻變	三爻變	四爻變	五爻變	上爻變
同人	遯	乾	無妄	家人	離	革
十年卦（大運）	1歲	2歲	3歲	4歲	5歲	6歲
	7歲	8歲	9歲	10歲	太極	太極

4、無妄卦。流年卦的流年命盤

基本卦	初爻變	二爻變	三爻變	四爻變	五爻變	上爻變
無妄	否	履	同人	益	噬磕	隨
十年卦（大運）	1歲	2歲	3歲	4歲	5歲	6歲
	7歲	8歲	9歲	10歲	太極	太極

5、姤卦。流年卦的流年命盤

基本卦	初爻變	二爻變	三爻變	四爻變	五爻變	上爻變
姤	乾	遯	訟	巽	鼎	大過
十年卦（大運）	1歲	2歲	3歲	4歲	5歲	6歲
	7歲	8歲	9歲	10歲	太極	太極

6、訟卦。十年運（大運）的流年命盤

基本卦	初爻變	二爻變	三爻變	四爻變	五爻變	上爻變
訟	履	否	姤	渙	未濟	困
十年卦（大運）	1歲	2歲	3歲	4歲	5歲	6歲
	7歲	8歲	9歲	10歲	太極	太極

7、遯卦。流年卦的流年命盤

基本卦	初爻變	二爻變	三爻變	四爻變	五爻變	上爻變
遯	同人	姤	否	漸	旅	咸
十年卦（大運）	1歲	2歲	3歲	4歲	5歲	6歲
	7歲	8歲	9歲	10歲	太極	太極

8、否卦。流年卦的流年命盤

基本卦	初爻變	二爻變	三爻變	四爻變	五爻變	上爻變
否	無妄	訟	遯	觀	晉	萃
十年卦（大運）	1歲	2歲	3歲	4歲	5歲	6歲
	7歲	8歲	9歲	10歲	太極	太極

9、夬卦。流年卦的流年命盤

基本卦	初爻變	二爻變	三爻變	四爻變	五爻變	上爻變
夬	大過	革	兌	需	大壯	乾
十年卦（大運）	1歲	2歲	3歲	4歲	5歲	6歲
	7歲	8歲	9歲	10歲	太極	太極

10、兌卦。流年卦的流年命盤

基本卦	初爻變	二爻變	三爻變	四爻變	五爻變	上爻變
兌	困	隨	夬	節	歸妹	履
十年卦（大運）	1歲	2歲	3歲	4歲	5歲	6歲
	7歲	8歲	9歲	10歲	太極	太極

11、革卦。流年卦的流年命盤

基本卦	革	十年卦（大運）	
初爻變	咸	1歲	7歲
二爻變	夬	2歲	8歲
三爻變	隨	3歲	9歲
四爻變	既濟	4歲	10歲
五爻變	豐	5歲	太極
上爻變	同人	6歲	太極

12、隨卦。流年卦的流年命盤

基本卦	隨	十年卦（大運）	
初爻變	萃	1歲	7歲
二爻變	兌	2歲	8歲
三爻變	革	3歲	9歲
四爻變	屯	4歲	10歲
五爻變	震	5歲	太極
上爻變	無妄	6歲	太極

13、大過卦。流年卦的流年命盤

基本卦	初爻變	二爻變	三爻變	四爻變	五爻變	上爻變
大過	夬	咸	困	井	恆	姤
十年卦（大運）	1歲	2歲	3歲	4歲	5歲	6歲
	7歲	8歲	9歲	10歲	太極	太極

14、困卦。流年卦的流年命盤

基本卦	初爻變	二爻變	三爻變	四爻變	五爻變	上爻變
困	兌	萃	大過	坎	解	訟
十年卦（大運）	1歲	2歲	3歲	4歲	5歲	6歲
	7歲	8歲	9歲	10歲	太極	太極

15、咸卦。流年卦的流年命盤

基本卦	初爻變	二爻變	三爻變	四爻變	五爻變	上爻變
咸	革	大過	萃	蹇	小過	遯
十年卦（大運）	1歲	2歲	3歲	4歲	5歲	6歲
	7歲	8歲	9歲	10歲	太極	太極

16、萃卦。流年卦的流年命盤

基本卦	初爻變	二爻變	三爻變	四爻變	五爻變	上爻變
萃	隨	困	咸	比	豫	否
十年卦（大運）	1歲	2歲	3歲	4歲	5歲	6歲
	7歲	8歲	9歲	10歲	太極	太極

17、大有卦。流年卦的流年命盤

基本卦	初爻變	二爻變	三爻變	四爻變	五爻變	上爻變
大有	鼎	離	睽	大畜	乾	大壯
十年卦（大運）	1歲	2歲	3歲	4歲	5歲	6歲
	7歲	8歲	9歲	10歲	太極	太極

18、睽卦。流年卦的流年命盤

基本卦	初爻變	二爻變	三爻變	四爻變	五爻變	上爻變
睽	未濟	噬磕	大有	損	履	歸妹
十年卦（大運）	1歲	2歲	3歲	4歲	5歲	6歲
	7歲	8歲	9歲	10歲	太極	太極

19、離卦。流年卦的流年命盤

基本卦	初爻變	二爻變	三爻變	四爻變	五爻變	上爻變
離	旅	大有	噬嗑	賁	同人	豐
十年卦（大運）	1歲	2歲	3歲	4歲	5歲	6歲
	7歲	8歲	9歲	10歲	太極	太極

20、噬嗑卦。流年卦的流年命盤

基本卦	初爻變	二爻變	三爻變	四爻變	五爻變	上爻變
噬嗑	晉	睽	離	頤	無妄	震
十年卦（大運）	1歲	2歲	3歲	4歲	5歲	6歲
	7歲	8歲	9歲	10歲	太極	太極

21、鼎卦。流年卦的流年命盤

基本卦	初爻變	二爻變	三爻變	四爻變	五爻變	上爻變
鼎	大有	旅	未濟	蠱	姤	恆
十年卦（大運）	1歲	2歲	3歲	4歲	5歲	6歲
	7歲	8歲	9歲	10歲	太極	太極

22、未濟卦。流年卦的流年命盤

基本卦	初爻變	二爻變	三爻變	四爻變	五爻變	上爻變
未濟	睽	晉	鼎	蒙	訟	解
十年卦（大運）	1歲	2歲	3歲	4歲	5歲	6歲
	7歲	8歲	9歲	10歲	太極	太極

23、旅卦。流年卦的流年命盤

基本卦	初爻變	二爻變	三爻變	四爻變	五爻變	上爻變
旅	離	鼎	晉	艮	迅	小過
十年卦（大運）	1歲	2歲	3歲	4歲	5歲	6歲
	7歲	8歲	9歲	10歲	太極	太極

24、晉卦。流年卦的流年命盤

基本卦	初爻變	二爻變	三爻變	四爻變	五爻變	上爻變
晉	噬磕	未濟	旅	剝	否	豫
十年卦（大運）	1歲	2歲	3歲	4歲	5歲	6歲
	7歲	8歲	9歲	10歲	太極	太極

25、大壯卦。流年卦的流年命盤

基本卦	初爻變	二爻變	三爻變	四爻變	五爻變	上爻變
大壯	恆	豐	歸妹	泰	夬	大有
十年卦（大運）	1歲	2歲	3歲	4歲	5歲	6歲
	7歲	8歲	9歲	10歲	太極	太極

26、歸妹卦。流年卦的流年命盤

基本卦	初爻變	二爻變	三爻變	四爻變	五爻變	上爻變
歸妹	解	震	大壯	臨	兌	睽
十年卦（大運）	1歲	2歲	3歲	4歲	5歲	6歲
	7歲	8歲	9歲	10歲	太極	太極

27、豐卦。流年卦的流年命盤

基本卦	初爻變	二爻變	三爻變	四爻變	五爻變	上爻變
豐	小過	大壯	震	明夷	革	離
十年卦（大運）	1歲	2歲	3歲	4歲	5歲	6歲
	7歲	8歲	9歲	10歲	太極	太極

28、震卦。流年卦的流年命盤

基本卦	初爻變	二爻變	三爻變	四爻變	五爻變	上爻變
震	豫	歸妹	豐	復	隨	噬嗑
十年卦（大運）	1歲	2歲	3歲	4歲	5歲	6歲
	7歲	8歲	9歲	10歲	太極	太極

29、卦。流年卦的流年命盤

基本卦	初爻變	二爻變	三爻變	四爻變	五爻變	上爻變
恆	大壯	小過	解	升	大過	鼎
十年卦（大運）	1歲	2歲	3歲	4歲	5歲	6歲
	7歲	8歲	9歲	10歲	太極	太極

30、解卦。流年卦的流年命盤

基本卦	初爻變	二爻變	三爻變	四爻變	五爻變	上爻變
解	歸妹	豫	恆	師	困	未濟
十年卦（大運）	1歲	2歲	3歲	4歲	5歲	6歲
	7歲	8歲	9歲	10歲	太極	太極

31、小過卦。流年卦的流年命盤

基本卦	初爻變	二爻變	三爻變	四爻變	五爻變	上爻變
小過	豐	恆	豫	謙	咸	旅
十年卦（大運）	1歲	2歲	3歲	4歲	5歲	6歲
	7歲	8歲	9歲	10歲	太極	太極

32、豫卦。流年卦的流年命盤

基本卦	初爻變	二爻變	三爻變	四爻變	五爻變	上爻變
豫	震	解	小過	坤	萃	晉
十年卦（大運）	1歲	2歲	3歲	4歲	5歲	6歲
	7歲	8歲	9歲	10歲	太極	太極

33、小畜卦。流年卦的流年命盤

基本卦	初爻變	二爻變	三爻變	四爻變	五爻變	上爻變
小畜	巽	家人	中孚	乾	大畜	需
十年卦（大運）	1歲	2歲	3歲	4歲	5歲	6歲
	7歲	8歲	9歲	10歲	太極	太極

34、中孚卦。流年卦的流年命盤

基本卦	初爻變	二爻變	三爻變	四爻變	五爻變	上爻變
中孚	渙	益	小畜	履	損	節
十年卦（大運）	1歲	2歲	3歲	4歲	5歲	6歲
	7歲	8歲	9歲	10歲	太極	太極

35、家人卦。流年卦的流年命盤

基本卦	初爻變	二爻變	三爻變	四爻變	五爻變	上爻變
家人	漸	小畜	益	同人	賁	既濟
十年卦（大運）	1歲	2歲	3歲	4歲	5歲	6歲
	7歲	8歲	9歲	10歲	太極	太極

36、益卦。流年卦的流年命盤

基本卦	初爻變	二爻變	三爻變	四爻變	五爻變	上爻變
益	觀	中孚	家人	無妄	頤	屯
十年卦（大運）	1歲	2歲	3歲	4歲	5歲	6歲
	7歲	8歲	9歲	10歲	太極	太極

37、巽卦。流年卦的流年命盤

基本卦	初爻變	二爻變	三爻變	四爻變	五爻變	上爻變
巽	小畜	漸	渙	姤	蠱	井
十年卦（大運）	1歲	2歲	3歲	4歲	5歲	6歲
	7歲	8歲	9歲	10歲	太極	太極

38、渙卦。流年卦的流年命盤

基本卦	初爻變	二爻變	三爻變	四爻變	五爻變	上爻變
渙	中孚	觀	巽	訟	蒙	坎
十年卦（大運）	1歲	2歲	3歲	4歲	5歲	6歲
	7歲	8歲	9歲	10歲	太極	太極

39、漸卦。流年卦的流年命盤

基本卦	初爻變	二爻變	三爻變	四爻變	五爻變	上爻變
漸	家人	巽	觀	遯	艮	蹇
十年卦（大運）	1歲	2歲	3歲	4歲	5歲	6歲
	7歲	8歲	9歲	10歲	太極	太極

40、觀卦。流年卦的流年命盤

基本卦	初爻變	二爻變	三爻變	四爻變	五爻變	上爻變
觀	巽	渙	漸	否	剝	比
十年卦（大運）	1歲	2歲	3歲	4歲	5歲	6歲
	7歲	8歲	9歲	10歲	太極	太極

41、需卦。流年卦的流年命盤

基本卦	初爻變	二爻變	三爻變	四爻變	五爻變	上爻變
需	井	既濟	節	夬	泰	小畜
十年卦（大運）	1歲	2歲	3歲	4歲	5歲	6歲
	7歲	8歲	9歲	10歲	太極	太極

42、節卦。流年卦的流年命盤

基本卦	初爻變	二爻變	三爻變	四爻變	五爻變	上爻變
節	坎	屯	需	兌	臨	中孚
十年卦（大運）	1歲	2歲	3歲	4歲	5歲	6歲
	7歲	8歲	9歲	10歲	太極	太極

43、既濟卦。流年卦的流年命盤

基本卦	初爻變	二爻變	三爻變	四爻變	五爻變	上爻變
既濟	蹇	需	屯	革	明夷	家人
十年卦（大運）	1歲	2歲	3歲	4歲	5歲	6歲
	7歲	8歲	9歲	10歲	太極	太極

44、屯卦。流年卦的流年命盤

基本卦	初爻變	二爻變	三爻變	四爻變	五爻變	上爻變
屯	比	節	既濟	隨	復	益
十年卦（大運）	1歲	2歲	3歲	4歲	5歲	6歲
	7歲	8歲	9歲	10歲	太極	太極

45、井卦。流年卦的流年命盤

基本卦	初爻變	二爻變	三爻變	四爻變	五爻變	上爻變
井	需	蹇	坎	大過	升	巽
十年卦（大運）	1歲	2歲	3歲	4歲	5歲	6歲
	7歲	8歲	9歲	10歲	太極	太極

46、坎卦。流年卦的流年命盤

基本卦	初爻變	二爻變	三爻變	四爻變	五爻變	上爻變
坎	節	比	井	困	師	渙
十年卦（大運）	1歲	2歲	3歲	4歲	5歲	6歲
	7歲	8歲	9歲	10歲	太極	太極

47、騫卦。流年卦的流年命盤

基本卦	初爻變	二爻變	三爻變	四爻變	五爻變	上爻變
蹇	既濟	井	比	咸	謙	漸
十年卦（大運）	1歲	2歲	3歲	4歲	5歲	6歲
	7歲	8歲	9歲	10歲	太極	太極

48、比卦。流年卦的流年命盤

基本卦	初爻變	二爻變	三爻變	四爻變	五爻變	上爻變
比	屯	坎	蹇	萃	坤	觀
十年卦（大運）	1歲	2歲	3歲	4歲	5歲	6歲
	7歲	8歲	9歲	10歲	太極	太極

49、大畜卦。流年卦的流年命盤

基本卦	初爻變	二爻變	三爻變	四爻變	五爻變	上爻變
大畜	蠱	賁	損	大有	小畜	泰
十年卦（大運）	1歲	2歲	3歲	4歲	5歲	6歲
	7歲	8歲	9歲	10歲	太極	太極

50、損卦。流年卦的流年命盤

基本卦	初爻變	二爻變	三爻變	四爻變	五爻變	上爻變
損	蒙	頤	大畜	睽	中孚	臨
十年卦（大運）	1歲	2歲	3歲	4歲	5歲	6歲
	7歲	8歲	9歲	10歲	太極	太極

51、賁卦。流年卦的流年命盤

基本卦	初爻變	二爻變	三爻變	四爻變	五爻變	上爻變
賁	艮	大畜	頤	離	家人	明夷
十年卦（大運）	1歲	2歲	3歲	4歲	5歲	6歲
	7歲	8歲	9歲	10歲	太極	太極

52、頤卦。流年卦的流年命盤

基本卦	初爻變	二爻變	三爻變	四爻變	五爻變	上爻變
頤	剝	損	賁	噬磕	益	復
十年卦（大運）	1歲	2歲	3歲	4歲	5歲	6歲
	7歲	8歲	9歲	10歲	太極	太極

53、蠱卦。流年卦的流年命盤

基本卦	初爻變	二爻變	三爻變	四爻變	五爻變	上爻變
蠱	大畜	艮	蒙	鼎	巽	升
十年卦（大運）	1歲	2歲	3歲	4歲	5歲	6歲
	7歲	8歲	9歲	10歲	太極	太極

54、蒙卦。流年卦的流年命盤

基本卦	初爻變	二爻變	三爻變	四爻變	五爻變	上爻變
蒙	損	剝	蠱	未濟	渙	師
十年卦（大運）	1歲	2歲	3歲	4歲	5歲	6歲
	7歲	8歲	9歲	10歲	太極	太極

55、艮卦。流年卦的流年命盤

基本卦	初爻變	二爻變	三爻變	四爻變	五爻變	上爻變
艮	賁	蠱	剝	旅	漸	謙
十年卦（大運）	1歲	2歲	3歲	4歲	5歲	6歲
	7歲	8歲	9歲	10歲	太極	太極

56、剝卦。流年卦的流年命盤

基本卦	初爻變	二爻變	三爻變	四爻變	五爻變	上爻變
剝	頤	蒙	艮	晉	觀	坤
十年卦（大運）	1歲	2歲	3歲	4歲	5歲	6歲
	7歲	8歲	9歲	10歲	太極	太極

57、泰卦。流年卦的流年命盤

基本卦	初爻變	二爻變	三爻變	四爻變	五爻變	上爻變
泰	升	明夷	臨	大壯	需	大畜
十年卦（大運）	1歲	2歲	3歲	4歲	5歲	6歲
	7歲	8歲	9歲	10歲	太極	太極

58、臨卦。流年卦的流年命盤

基本卦	初爻變	二爻變	三爻變	四爻變	五爻變	上爻變
臨	師	復	泰	歸妹	節	損
十年卦（大運）	1歲	2歲	3歲	4歲	5歲	6歲
	7歲	8歲	9歲	10歲	太極	太極

59、明夷卦。流年卦的流年命盤

基本卦	初爻變	二爻變	三爻變	四爻變	五爻變	上爻變
明夷	謙	泰	復	豐	既濟	賁
十年卦（大運）	1歲	2歲	3歲	4歲	5歲	6歲
	7歲	8歲	9歲	10歲	太極	太極

60、復卦。流年卦的流年命盤

基本卦	初爻變	二爻變	三爻變	四爻變	五爻變	上爻變
復	坤	臨	明夷	震	屯	頤
十年卦（大運）	1歲	2歲	3歲	4歲	5歲	6歲
	7歲	8歲	9歲	10歲	太極	太極

61、升卦。流年卦的流年命盤

基本卦	初爻變	二爻變	三爻變	四爻變	五爻變	上爻變
升	泰	謙	師	恆	井	蠱
十年卦（大運）	1歲	2歲	3歲	4歲	5歲	6歲
	7歲	8歲	9歲	10歲	太極	太極

62、師卦。流年卦的流年命盤

基本卦	初爻變	二爻變	三爻變	四爻變	五爻變	上爻變
師	臨	坤	升	解	坎	蒙
十年卦（大運）	1歲	2歲	3歲	4歲	5歲	6歲
	7歲	8歲	9歲	10歲	太極	太極

63、謙卦。流年卦的流年命盤

基本卦	初爻變	二爻變	三爻變	四爻變	五爻變	上爻變
謙	明夷	升	坤	小過	蹇	艮
十年卦（大運）	1歲	2歲	3歲	4歲	5歲	6歲
	7歲	8歲	9歲	10歲	太極	太極

64、坤卦。流年卦的流年命盤

基本卦	初爻變	二爻變	三爻變	四爻變	五爻變	上爻變
坤	復	師	謙	豫	比	剝
十年卦（大運）	1歲	2歲	3歲	4歲	5歲	6歲
	7歲	8歲	9歲	10歲	太極	太極

附錄C：流月卦的命盤變化

列舉64卦的流月變化命盤，其次序、卦數、卦名及頁數如下：

次序	卦數	卦名	頁數
1	11	乾	207頁
2	12	履	207頁
3	13	同人	208頁
4	14	無妄	208頁
5	15	姤	209頁
6	16	訟	209頁
7	17	遯	210頁
8	18	否	210頁
9	21	夬	211頁
10	22	兌	211頁
11	23	革	212頁
12	24	隨	212頁
13	25	大過	213頁
14	26	困	213頁
15	27	咸	214頁
16	28	萃	214頁

次序	卦數	卦名	頁數
17	31	大有	215頁
18	32	睽	215頁
19	33	離	216頁
20	34	噬磕	216頁
21	35	鼎	217頁
22	36	未濟	217頁
23	37	旅	218頁
24	38	晉	218頁
25	41	大壯	219頁
26	42	歸妹	219頁
27	43	豐	220頁
28	44	震	220頁
29	45	恆	221頁
30	46	解	221頁
31	47	小過	222頁
32	48	豫	222頁

次序	卦數	卦名	頁數
49	71	大畜	231頁
50	72	損	231頁
51	73	賁	232頁
52	74	頤	232頁
53	75	蠱	233頁
54	76	蒙	233頁
55	77	艮	234頁
56	78	剝	234頁
57	81	泰	235頁
58	82	臨	235頁
59	83	明夷	236頁
60	84	復	236頁
61	85	升	237頁
62	86	師	237頁
63	87	謙	238頁
64	88	坤	238頁

次序	卦數	卦名	頁數
33	51	小畜	223頁
34	52	中孚	223頁
35	53	家人	224頁
36	54	益	224頁
37	55	巽	225頁
38	56	渙	225頁
39	57	漸	226頁
40	58	觀	226頁
41	61	需	227頁
42	62	節	227頁
43	63	既濟	228頁
44	64	屯	228頁
45	65	井	229頁
46	66	坎	229頁
47	67	蹇	230頁
48	68	比	230頁

1、乾卦。流月卦的命盤變化

基本卦	初爻變	二爻變	三爻變	四爻變	五爻變	上爻變
乾	姤	同人	履	小畜	大有	夬
一年運（小運）	1月	2月	3月	4月	5月	6月
	7月	8月	9月	10月	11月	12月

2、履卦。流月卦的命盤變化

基本卦	初爻變	二爻變	三爻變	四爻變	五爻變	上爻變
履	訟	無妄	乾	中孚	睽	兌
一年運（小運）	1月	2月	3月	4月	5月	6月
	7月	8月	9月	10月	11月	12月

3、同人卦。流月卦的命盤變化

基本卦	初爻變	二爻變	三爻變	四爻變	五爻變	上爻變
同人	遯	乾	無妄	家人	離	革
一年運（小運）	1月	2月	3月	4月	5月	6月
	7月	8月	9月	10月	11月	12月

4、無妄卦。流月卦的命盤變化

基本卦	初爻變	二爻變	三爻變	四爻變	五爻變	上爻變
無妄	否	履	同人	益	噬嗑	隨
一年運（小運）	1月	2月	3月	4月	5月	6月
	7月	8月	9月	10月	11月	12月

5、姤卦。流月卦的命盤變化

基本卦	初爻變	二爻變	三爻變	四爻變	五爻變	上爻變
姤	乾	遯	訟	巽	鼎	大過
一年運（小運）	1月	2月	3月	4月	5月	6月
	7月	8月	9月	10月	11月	12月

6、訟卦。流月卦的命盤變化

基本卦	初爻變	二爻變	三爻變	四爻變	五爻變	上爻變
訟	履	否	姤	渙	未濟	困
一年運（小運）	1月	2月	3月	4月	5月	6月
	7月	8月	9月	10月	11月	12月

7、遯卦。流月卦的命盤變化

基本卦	初爻變	二爻變	三爻變	四爻變	五爻變	上爻變
遯	同人	姤	否	漸	旅	咸
一年運（小運）	1月	2月	3月	4月	5月	6月
	7月	8月	9月	10月	11月	12月

8、否卦。流月卦的命盤變化

基本卦	初爻變	二爻變	三爻變	四爻變	五爻變	上爻變
否	無妄	訟	遯	觀	晉	萃
一年運（小運）	1月	2月	3月	4月	5月	6月
	7月	8月	9月	10月	11月	12月

9、夬卦。流月卦的命盤變化

基本卦	初爻變	二爻變	三爻變	四爻變	五爻變	上爻變
夬	大過	革	兌	需	大壯	乾
一年運（小運）	1月	2月	3月	4月	5月	6月
	7月	8月	9月	10月	11月	12月

10、兌卦。流月卦的命盤變化

基本卦	初爻變	二爻變	三爻變	四爻變	五爻變	上爻變
兌	困	隨	夬	節	歸妹	履
一年運（小運）	1月	2月	3月	4月	5月	6月
	7月	8月	9月	10月	11月	12月

11、革卦。流月卦的命盤變化

基本卦	初爻變	二爻變	三爻變	四爻變	五爻變	上爻變
革	咸	夬	隨	既濟	豐	同人
一年運（小運）	1月	2月	3月	4月	5月	6月
	7月	8月	9月	10月	11月	12月

12、隨卦。流月卦的命盤變化

基本卦	初爻變	二爻變	三爻變	四爻變	五爻變	上爻變
隨	萃	兌	革	屯	震	無妄
一年運（小運）	1月	2月	3月	4月	5月	6月
	7月	8月	9月	10月	11月	12月

13、大過卦。流月卦的命盤變化

基本卦	初爻變	二爻變	三爻變	四爻變	五爻變	上爻變
大過	夬	咸	困	井	恆	姤
一年運（小運）	1月	2月	3月	4月	5月	6月
	7月	8月	9月	10月	11月	12月

14、困卦。流月卦的命盤變化

基本卦	初爻變	二爻變	三爻變	四爻變	五爻變	上爻變
困	兌	萃	大過	坎	解	訟
一年運（小運）	1月	2月	3月	4月	5月	6月
	7月	8月	9月	10月	11月	12月

15、咸卦。流月卦的命盤變化

基本卦	初爻變	二爻變	三爻變	四爻變	五爻變	上爻變
咸	革	大過	萃	蹇	小過	遯
一年運（小運）	1月	2月	3月	4月	5月	6月
	7月	8月	9月	10月	11月	12月

16、萃卦。流月卦的命盤變化

基本卦	初爻變	二爻變	三爻變	四爻變	五爻變	上爻變
萃	隨	困	咸	比	豫	否
一年運（小運）	1月	2月	3月	4月	5月	6月
	7月	8月	9月	10月	11月	12月

17、大有卦。流月卦的命盤變化

基本卦	初爻變	二爻變	三爻變	四爻變	五爻變	上爻變
大有	鼎	離	睽	大畜	乾	大壯
一年運（小運）	1月	2月	3月	4月	5月	6月
	7月	8月	9月	10月	11月	12月

18、睽卦。流月卦的命盤變化

基本卦	初爻變	二爻變	三爻變	四爻變	五爻變	上爻變
睽	未濟	噬磕	大有	損	履	歸妹
一年運（小運）	1月	2月	3月	4月	5月	6月
	7月	8月	9月	10月	11月	12月

19、離卦。流月卦的命盤變化

基本卦	初爻變	二爻變	三爻變	四爻變	五爻變	上爻變
離	旅	大有	噬嗑	賁	同人	豐
一年運（小運）	1月	2月	3月	4月	5月	6月
	7月	8月	9月	10月	11月	12月

20、噬嗑卦。流月卦的命盤變化

基本卦	初爻變	二爻變	三爻變	四爻變	五爻變	上爻變
噬嗑	晉	睽	離	頤	無妄	震
一年運（小運）	1月	2月	3月	4月	5月	6月
	7月	8月	9月	10月	11月	12月

21、鼎卦。流月卦的命盤變化

基本卦	初爻變	二爻變	三爻變	四爻變	五爻變	上爻變
鼎	大有	旅	未濟	蠱	姤	恆
一年運（小運）	1月	2月	3月	4月	5月	6月
	7月	8月	9月	10月	11月	12月

22、未濟卦。流月卦的命盤變化

基本卦	初爻變	二爻變	三爻變	四爻變	五爻變	上爻變
未濟	睽	晉	鼎	蒙	訟	解
一年運（小運）	1月	2月	3月	4月	5月	6月
	7月	8月	9月	10月	11月	12月

23、旅卦。流月卦的命盤變化

基本卦	初爻變	二爻變	三爻變	四爻變	五爻變	上爻變
旅	離	鼎	晉	艮	遯	小過
一年運（小運）	1月	2月	3月	4月	5月	6月
	7月	8月	9月	10月	11月	12月

24、晉卦。流月卦的命盤變化

基本卦	初爻變	二爻變	三爻變	四爻變	五爻變	上爻變
晉	噬磕	未濟	旅	剝	否	豫
一年運（小運）	1月	2月	3月	4月	5月	6月
	7月	8月	9月	10月	11月	12月

25、大壯卦。流月卦的命盤變化

基本卦	初爻變	二爻變	三爻變	四爻變	五爻變	上爻變
大壯	恆	豐	歸妹	泰	夬	大有
一年運（小運）	1月	2月	3月	4月	5月	6月
	7月	8月	9月	10月	11月	12月

26、歸妹卦。流月卦的命盤變化

基本卦	初爻變	二爻變	三爻變	四爻變	五爻變	上爻變
歸妹	解	震	大壯	臨	兌	睽
一年運（小運）	1月	2月	3月	4月	5月	6月
	7月	8月	9月	10月	11月	12月

27、豐卦。流月卦的命盤變化

基本卦	初爻變	二爻變	三爻變	四爻變	五爻變	上爻變
豐	小過	大壯	震	明夷	革	離
一年運（小運）	1月	2月	3月	4月	5月	6月
	7月	8月	9月	10月	11月	12月

28、震卦。流月卦的命盤變化

基本卦	初爻變	二爻變	三爻變	四爻變	五爻變	上爻變
震	豫	歸妹	豐	復	隨	噬嗑
一年運（小運）	1月	2月	3月	4月	5月	6月
	7月	8月	9月	10月	11月	12月

29、恆卦。流月卦的命盤變化

基本卦	初爻變	二爻變	三爻變	四爻變	五爻變	上爻變
恆	大壯	小過	解	升	大過	鼎
一年運（小運）	1月	2月	3月	4月	5月	6月
	7月	8月	9月	10月	11月	12月

30、解卦。流月卦的命盤變化

基本卦	初爻變	二爻變	三爻變	四爻變	五爻變	上爻變
解	歸妹	豫	恆	師	困	未濟
一年運（小運）	1月	2月	3月	4月	5月	6月
	7月	8月	9月	10月	11月	12月

31、小過卦。流月卦的命盤變化

基本卦	初爻變	二爻變	三爻變	四爻變	五爻變	上爻變
小過	豐	恆	豫	謙	咸	旅
一年運（小運）	1月	2月	3月	4月	5月	6月
	7月	8月	9月	10月	11月	12月

32、豫卦。流月卦的命盤變化

基本卦	初爻變	二爻變	三爻變	四爻變	五爻變	上爻變
豫	震	解	小過	坤	萃	晉
一年運（小運）	1月	2月	3月	4月	5月	6月
	7月	8月	9月	10月	11月	12月

33、小畜卦。流月卦的命盤變化

基本卦	初爻變	二爻變	三爻變	四爻變	五爻變	上爻變
小畜	巽	家人	中孚	乾	大畜	需
一年運（小運）	1月	2月	3月	4月	5月	6月
	7月	8月	9月	10月	11月	12月

34、中孚卦。流月卦的命盤變化

基本卦	初爻變	二爻變	三爻變	四爻變	五爻變	上爻變
中孚	渙	益	小畜	履	損	節
一年運（小運）	1月	2月	3月	4月	5月	6月
	7月	8月	9月	10月	11月	12月

35、家人卦。流月卦的命盤變化

基本卦	初爻變	二爻變	三爻變	四爻變	五爻變	上爻變
家人	漸	小畜	益	同人	賁	既濟
一年運（小運）	1月	2月	3月	4月	5月	6月
	7月	8月	9月	10月	11月	12月

36、益卦。流月卦的命盤變化

基本卦	初爻變	二爻變	三爻變	四爻變	五爻變	上爻變
益	觀	中孚	家人	無妄	頤	屯
一年運（小運）	1月	2月	3月	4月	5月	6月
	7月	8月	9月	10月	11月	12月

37、巽卦。流月卦的命盤變化

基本卦	初爻變	二爻變	三爻變	四爻變	五爻變	上爻變
巽	小畜	漸	渙	姤	蠱	井
一年運（小運）	1月	2月	3月	4月	5月	6月
	7月	8月	9月	10月	11月	12月

38、渙卦。流月卦的命盤變化

基本卦	初爻變	二爻變	三爻變	四爻變	五爻變	上爻變
渙	中孚	觀	巽	訟	蒙	坎
一年運（小運）	1月	2月	3月	4月	5月	6月
	7月	8月	9月	10月	11月	12月

39、漸卦。流月卦的命盤變化

基本卦	初爻變	二爻變	三爻變	四爻變	五爻變	上爻變
漸	家人	巽	觀	遯	艮	蹇
一年運	1月	2月	3月	4月	5月	6月
（小運）	7月	8月	9月	10月	11月	12月

40、觀卦。流月卦的命盤變化

基本卦	初爻變	二爻變	三爻變	四爻變	五爻變	上爻變
觀	巽	渙	漸	否	剝	比
一年運	1月	2月	3月	4月	5月	6月
（小運）	7月	8月	9月	10月	11月	12月

41、需卦。流月卦的命盤變化

基本卦	初爻變	二爻變	三爻變	四爻變	五爻變	上爻變
需	井	既濟	節	夬	泰	小畜
一年運（小運）	1月	2月	3月	4月	5月	6月
	7月	8月	9月	10月	11月	12月

42、節卦。流月卦的命盤變化

基本卦	初爻變	二爻變	三爻變	四爻變	五爻變	上爻變
節	坎	屯	需	兌	臨	中孚
一年運（小運）	1月	2月	3月	4月	5月	6月
	7月	8月	9月	10月	11月	12月

43、既濟卦。流月卦的命盤變化

基本卦	初爻變	二爻變	三爻變	四爻變	五爻變	上爻變
既濟	蹇	需	屯	革	明夷	家人
一年運（小運）	1月	2月	3月	4月	5月	6月
	7月	8月	9月	10月	11月	12月

44、屯卦。流月卦的命盤變化

基本卦	初爻變	二爻變	三爻變	四爻變	五爻變	上爻變
屯	比	節	既濟	隨	復	益
一年運（小運）	1月	2月	3月	4月	5月	6月
	7月	8月	9月	10月	11月	12月

45、井卦。流月卦的命盤變化

基本卦	初爻變	二爻變	三爻變	四爻變	五爻變	上爻變
井	需	蹇	坎	大過	升	巽
一年運（小運）	1月	2月	3月	4月	5月	6月
	7月	8月	9月	10月	11月	12月

46、坎卦。流月卦的命盤變化

基本卦	初爻變	二爻變	三爻變	四爻變	五爻變	上爻變
坎	節	比	井	困	師	渙
一年運（小運）	1月	2月	3月	4月	5月	6月
	7月	8月	9月	10月	11月	12月

47、蹇卦。流月卦的命盤變化

基本卦	初爻變	二爻變	三爻變	四爻變	五爻變	上爻變
蹇	既濟	井	比	咸	謙	漸
一年運（小運）	1月	2月	3月	4月	5月	6月
	7月	8月	9月	10月	11月	12月

48、比卦。流月卦的命盤變化

基本卦	初爻變	二爻變	三爻變	四爻變	五爻變	上爻變
比	屯	坎	蹇	萃	坤	觀
一年運（小運）	1月	2月	3月	4月	5月	6月
	7月	8月	9月	10月	11月	12月

49、大畜卦。流月卦的命盤變化

基本卦	初爻變	二爻變	三爻變	四爻變	五爻變	上爻變
大畜	蠱	賁	損	大有	小畜	泰
一年運（小運）	1月	2月	3月	4月	5月	6月
	7月	8月	9月	10月	11月	12月

50、損卦。流月卦的命盤變化

基本卦	初爻變	二爻變	三爻變	四爻變	五爻變	上爻變
損	蒙	頤	大畜	睽	中孚	臨
一年運（小運）	1月	2月	3月	4月	5月	6月
	7月	8月	9月	10月	11月	12月

51、賁卦。流月卦的命盤變化

基本卦	初爻變	二爻變	三爻變	四爻變	五爻變	上爻變
賁	艮	大畜	頤	離	家人	明夷
一年運（小運）	1月	2月	3月	4月	5月	6月
	7月	8月	9月	10月	11月	12月

52、頤卦。流月卦的命盤變化

基本卦	初爻變	二爻變	三爻變	四爻變	五爻變	上爻變
頤	剝	損	賁	噬嗑	益	復
一年運（小運）	1月	2月	3月	4月	5月	6月
	7月	8月	9月	10月	11月	12月

53、蠱卦。流月卦的命盤變化

基本卦	初爻變	二爻變	三爻變	四爻變	五爻變	上爻變
蠱	大畜	艮	蒙	鼎	巽	升
一年運（小運）	1月	2月	3月	4月	5月	6月
	7月	8月	9月	10月	11月	12月

54、蒙卦。流月卦的命盤變化

基本卦	初爻變	二爻變	三爻變	四爻變	五爻變	上爻變
蒙	損	剝	蠱	未濟	渙	師
一年運（小運）	1月	2月	3月	4月	5月	6月
	7月	8月	9月	10月	11月	12月

55、艮卦。流月卦的命盤變化

基本卦	初爻變	二爻變	三爻變	四爻變	五爻變	上爻變
艮	賁	蠱	剝	旅	漸	謙
一年運（小運）	1月	2月	3月	4月	5月	6月
	7月	8月	9月	10月	11月	12月

56、剝卦。流月卦的命盤變化

基本卦	初爻變	二爻變	三爻變	四爻變	五爻變	上爻變
剝	頤	蒙	艮	晉	觀	坤
一年運（小運）	1月	2月	3月	4月	5月	6月
	7月	8月	9月	10月	11月	12月

57、泰卦。流月卦的命盤變化

基本卦	初爻變	二爻變	三爻變	四爻變	五爻變	上爻變
泰	升	明夷	臨	大壯	需	大畜
一年運（小運）	1月	2月	3月	4月	5月	6月
	7月	8月	9月	10月	11月	12月

58、臨卦。流月卦的命盤變化

基本卦	初爻變	二爻變	三爻變	四爻變	五爻變	上爻變
臨	師	復	泰	歸妹	節	損
一年運（小運）	1月	2月	3月	4月	5月	6月
	7月	8月	9月	10月	11月	12月

59、明夷卦。流月卦的命盤變化

基本卦	初爻變	二爻變	三爻變	四爻變	五爻變	上爻變
明夷	謙	泰	復	豐	既濟	賁
一年運（小運）	1月	2月	3月	4月	5月	6月
	7月	8月	9月	10月	11月	12月

60、復卦。流月卦的命盤變化

基本卦	初爻變	二爻變	三爻變	四爻變	五爻變	上爻變
復	坤	臨	明夷	震	屯	頤
一年運（小運）	1月	2月	3月	4月	5月	6月
	7月	8月	9月	10月	11月	12月

61、升卦。流月卦的命盤變化

基本卦	初爻變	二爻變	三爻變	四爻變	五爻變	上爻變
升	泰	謙	師	恆	井	蠱
一年運（小運）	1月	2月	3月	4月	5月	6月
	7月	8月	9月	10月	11月	12月

62、師卦。流月卦的命盤變化

基本卦	初爻變	二爻變	三爻變	四爻變	五爻變	上爻變
師	臨	坤	升	解	坎	蒙
一年運（小運）	1月	2月	3月	4月	5月	6月
	7月	8月	9月	10月	11月	12月

63、謙卦。流月卦的命盤變化

基本卦	初爻變	二爻變	三爻變	四爻變	五爻變	上爻變
謙	明夷	升	坤	小過	蹇	艮
一年運（小運）	1月	2月	3月	4月	5月	6月
	7月	8月	9月	10月	11月	12月

64、坤卦。流月卦的命盤變化

基本卦	初爻變	二爻變	三爻變	四爻變	五爻變	上爻變
坤	復	師	謙	豫	比	剝
一年運（小運）	1月	2月	3月	4月	5月	6月
	7月	8月	9月	10月	11月	12月

附錄D：流日卦的命盤變化

列舉64卦的流日變化命盤，其次序、卦數、卦名及頁數如下：

次序	卦數	卦名	頁數
1	11	乾	241頁
2	12	履	241頁
3	13	同人	242頁
4	14	無妄	242頁
5	15	姤	243頁
6	16	訟	243頁
7	17	遯	244頁
8	18	否	244頁
9	21	夬	245頁
10	22	兌	245頁
11	23	革	246頁
12	24	隨	246頁
13	25	大過	247頁
14	26	困	247頁
15	27	咸	248頁
16	28	萃	248頁
17	31	大有	249頁
18	32	睽	249頁
19	33	離	250頁
20	34	噬磕	250頁
21	35	鼎	251頁
22	36	未濟	251頁
23	37	旅	252頁
24	38	晉	252頁
25	41	大壯	253頁
26	42	歸妹	253頁
27	43	豐	254頁
28	44	震	254頁
29	45	恆	255頁
30	46	解	255頁
31	47	小過	256頁
32	48	豫	256頁

次序	卦數	卦名	頁數
49	71	大畜	265頁
50	72	損	265頁
51	73	賁	266頁
52	74	頤	266頁
53	75	蠱	267頁
54	76	蒙	267頁
55	77	艮	268頁
56	78	剝	268頁
57	81	泰	269頁
58	82	臨	269頁
59	83	明夷	270頁
60	84	復	270頁
61	85	升	271頁
62	86	師	271頁
63	87	謙	272頁
64	88	坤	272頁

次序	卦數	卦名	頁數
33	51	小畜	257頁
34	52	中孚	257頁
35	53	家人	258頁
36	54	益	258頁
37	55	巽	259頁
38	56	渙	259頁
39	57	漸	260頁
40	58	觀	260頁
41	61	需	261頁
42	62	節	261頁
43	63	既濟	262頁
44	64	屯	262頁
45	65	井	263頁
46	66	坎	263頁
47	67	蹇	264頁
48	68	比	264頁

1、乾卦，流日卦的命盤變化

基本卦	初爻變	二爻變	三爻變	四爻變	五爻變	上爻變
乾	姤	同人	履	小畜	大有	夬
一月卦（月經卦）（流月卦）	1	2	3	4	5	6
	7	8	9	10	11	12
	13	14	15	16	17	18
	19	20	21	22	23	24
	25	26	27	28	29	30
	31	太極	太極	太極	太極	太極

2、履卦。流日卦的命盤變化

基本卦	初爻變	二爻變	三爻變	四爻變	五爻變	上爻變
履	訟	無妄	乾	中孚	睽	兌
一月卦（月經卦）（流月卦）	1	2	3	4	5	6
	7	8	9	10	11	12
	13	14	15	16	17	18
	19	20	21	22	23	24
	25	26	27	28	29	30
	31	太極	太極	太極	太極	太極

3、同人卦。流日卦的命盤變化

基本卦	初爻變	二爻變	三爻變	四爻變	五爻變	上爻變
同人	遯	乾	無妄	家人	離	革
一月卦 （月經卦） （流月卦）	1	2	3	4	5	6
	7	8	9	10	11	12
	13	14	15	16	17	18
	19	20	21	22	23	24
	25	26	27	28	29	30
	31	太極	太極	太極	太極	太極

4、無妄卦。流日卦的命盤變化

基本卦	初爻變	二爻變	三爻變	四爻變	五爻變	上爻變
無妄	否	履	同人	益	噬嗑	隨
一月卦 （月經卦） （流月卦）	1	2	3	4	5	6
	7	8	9	10	11	12
	13	14	15	16	17	18
	19	20	21	22	23	24
	25	26	27	28	29	30
	31	太極	太極	太極	太極	太極

5、姤卦。流日卦的命盤變化

基本卦	初爻變	二爻變	三爻變	四爻變	五爻變	上爻變
姤	乾	遯	訟	巽	鼎	大過
一月卦（月經卦）（流月卦）	1	2	3	4	5	6
	7	8	9	10	11	12
	13	14	15	16	17	18
	19	20	21	22	23	24
	25	26	27	28	29	30
	31	太極	太極	太極	太極	太極

6、訟卦。流日卦的命盤變化

基本卦	初爻變	二爻變	三爻變	四爻變	五爻變	上爻變
訟	履	否	姤	渙	未濟	困
一月卦（月經卦）（流月卦）	1	2	3	4	5	6
	7	8	9	10	11	12
	13	14	15	16	17	18
	19	20	21	22	23	24
	25	26	27	28	29	30
	31	太極	太極	太極	太極	太極

7、遯卦。流日卦的命盤變化

基本卦	初爻變	二爻變	三爻變	四爻變	五爻變	上爻變
遯	同人	姤	否	漸	旅	咸
一月卦（月經卦）（流月卦）	1	2	3	4	5	6
	7	8	9	10	11	12
	13	14	15	16	17	18
	19	20	21	22	23	24
	25	26	27	28	29	30
	31	太極	太極	太極	太極	太極

8、否卦。流日卦的命盤變化

基本卦	初爻變	二爻變	三爻變	四爻變	五爻變	上爻變
否	無妄	訟	遯	觀	晉	萃
一月卦（月經卦）（流月卦）	1	2	3	4	5	6
	7	8	9	10	11	12
	13	14	15	16	17	18
	19	20	21	22	23	24
	25	26	27	28	29	30
	31	太極	太極	太極	太極	太極

9、夬卦。流日卦的命盤變化

基本卦	初爻變	二爻變	三爻變	四爻變	五爻變	上爻變
夬	大過	革	兌	需	大壯	乾
一月卦（月經卦）（流月卦）	1	2	3	4	5	6
	7	8	9	10	11	12
	13	14	15	16	17	18
	19	20	21	22	23	24
	25	26	27	28	29	30
	31	太極	太極	太極	太極	太極

10、兌卦。流日卦的命盤變化

基本卦	初爻變	二爻變	三爻變	四爻變	五爻變	上爻變
兌	困	隨	夬	節	歸妹	履
一月卦（月經卦）（流月卦）	1	2	3	4	5	6
	7	8	9	10	11	12
	13	14	15	16	17	18
	19	20	21	22	23	24
	25	26	27	28	29	30
	31	太極	太極	太極	太極	太極

11、革卦。流日卦的命盤變化

基本卦	初爻變	二爻變	三爻變	四爻變	五爻變	上爻變
革	咸	夬	隨	既濟	豐	同人
一月卦 （月經卦） （流月卦）	1	2	3	4	5	6
	7	8	9	10	11	12
	13	14	15	16	17	18
	19	20	21	22	23	24
	25	26	27	28	29	30
	31	太極	太極	太極	太極	太極

12、隨卦。流日卦的命盤變化

基本卦	初爻變	二爻變	三爻變	四爻變	五爻變	上爻變
隨	萃	兌	革	屯	震	無妄
一月卦 （月經卦） （流月卦）	1	2	3	4	5	6
	7	8	9	10	11	12
	13	14	15	16	17	18
	19	20	21	22	23	24
	25	26	27	28	29	30
	31	太極	太極	太極	太極	太極

13、大過卦。流日卦的命盤變化

基本卦	初爻變	二爻變	三爻變	四爻變	五爻變	上爻變
大過	夬	咸	困	井	恆	姤
一月卦（月經卦）（流月卦）	1	2	3	4	5	6
	7	8	9	10	11	12
	13	14	15	16	17	18
	19	20	21	22	23	24
	25	26	27	28	29	30
	31	太極	太極	太極	太極	太極

14、困卦。流日卦的命盤變化

基本卦	初爻變	二爻變	三爻變	四爻變	五爻變	上爻變
困	兌	萃	大過	坎	解	訟
一月卦（月經卦）（流月卦）	1	2	3	4	5	6
	7	8	9	10	11	12
	13	14	15	16	17	18
	19	20	21	22	23	24
	25	26	27	28	29	30
	31	太極	太極	太極	太極	太極

15、咸卦。流日卦的命盤變化

基本卦	初爻變	二爻變	三爻變	四爻變	五爻變	上爻變
咸	革	大過	萃	蹇	小過	遯
一月卦（月經卦）（流月卦）	1	2	3	4	5	6
	7	8	9	10	11	12
	13	14	15	16	17	18
	19	20	21	22	23	24
	25	26	27	28	29	30
	31	太極	太極	太極	太極	太極

16、萃卦。流日卦的命盤變化

基本卦	初爻變	二爻變	三爻變	四爻變	五爻變	上爻變
萃	隨	困	咸	比	豫	否
一月卦（月經卦）（流月卦）	1	2	3	4	5	6
	7	8	9	10	11	12
	13	14	15	16	17	18
	19	20	21	22	23	24
	25	26	27	28	29	30
	31	太極	太極	太極	太極	太極

17、大有卦。流日卦的命盤變化

基本卦	初爻變	二爻變	三爻變	四爻變	五爻變	上爻變
大有	鼎	離	睽	大畜	乾	大壯
一月卦（月經卦）（流月卦）	1	2	3	4	5	6
	7	8	9	10	11	12
	13	14	15	16	17	18
	19	20	21	22	23	24
	25	26	27	28	29	30
	31	太極	太極	太極	太極	太極

18、睽卦。流日卦的命盤變化

基本卦	初爻變	二爻變	三爻變	四爻變	五爻變	上爻變
睽	未濟	噬嗑	大有	損	履	歸妹
一月卦（月經卦）（流月卦）	1	2	3	4	5	6
	7	8	9	10	11	12
	13	14	15	16	17	18
	19	20	21	22	23	24
	25	26	27	28	29	30
	31	太極	太極	太極	太極	太極

19、離卦。流日卦的命盤變化

基本卦	初爻變	二爻變	三爻變	四爻變	五爻變	上爻變
離	旅	大有	噬嗑	賁	同人	豐
一月卦（月經卦）（流月卦）	1	2	3	4	5	6
	7	8	9	10	11	12
	13	14	15	16	17	18
	19	20	21	22	23	24
	25	26	27	28	29	30
	31	太極	太極	太極	太極	太極

20、噬嗑卦。流日卦的命盤變化

基本卦	初爻變	二爻變	三爻變	四爻變	五爻變	上爻變
噬嗑	晉	睽	離	頤	無妄	震
一月卦（月經卦）（流月卦）	1	2	3	4	5	6
	7	8	9	10	11	12
	13	14	15	16	17	18
	19	20	21	22	23	24
	25	26	27	28	29	30
	31	太極	太極	太極	太極	太極

21、鼎卦。流日卦的命盤變化

基本卦	初爻變	二爻變	三爻變	四爻變	五爻變	上爻變
鼎	大有	旅	未濟	蠱	姤	恆
一月卦（月經卦）（流月卦）	1	2	3	4	5	6
	7	8	9	10	11	12
	13	14	15	16	17	18
	19	20	21	22	23	24
	25	26	27	28	29	30
	31	太極	太極	太極	太極	太極

22、未濟卦。流日卦的命盤變化

基本卦	初爻變	二爻變	三爻變	四爻變	五爻變	上爻變
未濟	睽	晉	鼎	蒙	訟	解
一月卦（月經卦）（流月卦）	1	2	3	4	5	6
	7	8	9	10	11	12
	13	14	15	16	17	18
	19	20	21	22	23	24
	25	26	27	28	29	30
	31	太極	太極	太極	太極	太極

23、旅卦。流日卦的命盤變化

基本卦	初爻變	二爻變	三爻變	四爻變	五爻變	上爻變
旅	離	鼎	晉	艮	遯	小過
一月卦（月經卦）（流月卦）	1	2	3	4	5	6
	7	8	9	10	11	12
	13	14	15	16	17	18
	19	20	21	22	23	24
	25	26	27	28	29	30
	31	太極	太極	太極	太極	太極

24、晉卦。流日卦的命盤變化

基本卦	初爻變	二爻變	三爻變	四爻變	五爻變	上爻變
晉	噬嗑	未濟	旅	剝	否	豫
一月卦（月經卦）（流月卦）	1	2	3	4	5	6
	7	8	9	10	11	12
	13	14	15	16	17	18
	19	20	21	22	23	24
	25	26	27	28	29	30
	31	太極	太極	太極	太極	太極

25、大壯卦。流日卦的命盤變化

基本卦	初爻變	二爻變	三爻變	四爻變	五爻變	上爻變
大壯	恆	豐	歸妹	泰	夬	大有
一月卦（月經卦）（流月卦）	1	2	3	4	5	6
	7	8	9	10	11	12
	13	14	15	16	17	18
	19	20	21	22	23	24
	25	26	27	28	29	30
	31	太極	太極	太極	太極	太極

26、歸妹卦。流日卦的命盤變化

基本卦	初爻變	二爻變	三爻變	四爻變	五爻變	上爻變
歸妹	解	震	大壯	臨	兌	睽
一月卦（月經卦）（流月卦）	1	2	3	4	5	6
	7	8	9	10	11	12
	13	14	15	16	17	18
	19	20	21	22	23	24
	25	26	27	28	29	30
	31	太極	太極	太極	太極	太極

27、豐卦。流日卦的命盤變化

基本卦	初爻變	二爻變	三爻變	四爻變	五爻變	上爻變
豐	小過	大壯	震	明夷	革	離
一月卦（月經卦）（流月卦）	1	2	3	4	5	6
	7	8	9	10	11	12
	13	14	15	16	17	18
	19	20	21	22	23	24
	25	26	27	28	29	30
	31	太極	太極	太極	太極	太極

28、震卦。流日卦的命盤變化

基本卦	初爻變	二爻變	三爻變	四爻變	五爻變	上爻變
震	豫	歸妹	豐	復	隨	噬嗑
一月卦（月經卦）（流月卦）	1	2	3	4	5	6
	7	8	9	10	11	12
	13	14	15	16	17	18
	19	20	21	22	23	24
	25	26	27	28	29	30
	31	太極	太極	太極	太極	太極

29、恆卦。流日卦的命盤變化

基本卦	初爻變	二爻變	三爻變	四爻變	五爻變	上爻變
恆	大壯	小過	解	升	大過	鼎
一月卦（月經卦）（流月卦）	1	2	3	4	5	6
	7	8	9	10	11	12
	13	14	15	16	17	18
	19	20	21	22	23	24
	25	26	27	28	29	30
	31	太極	太極	太極	太極	太極

30、解卦。流日卦的命盤變化

基本卦	初爻變	二爻變	三爻變	四爻變	五爻變	上爻變
解	歸妹	豫	恆	師	困	未濟
一月卦（月經卦）（流月卦）	1	2	3	4	5	6
	7	8	9	10	11	12
	13	14	15	16	17	18
	19	20	21	22	23	24
	25	26	27	28	29	30
	31	太極	太極	太極	太極	太極

31、小過卦。流日卦的命盤變化

基本卦	初爻變	二爻變	三爻變	四爻變	五爻變	上爻變
小過	豐	恆	豫	謙	咸	旅
一月卦（月經卦）（流月卦）	1	2	3	4	5	6
	7	8	9	10	11	12
	13	14	15	16	17	18
	19	20	21	22	23	24
	25	26	27	28	29	30
	31	太極	太極	太極	太極	太極

32、豫卦。流日卦的命盤變化

基本卦	初爻變	二爻變	三爻變	四爻變	五爻變	上爻變
豫	震	解	小過	坤	萃	晉
一月卦（月經卦）（流月卦）	1	2	3	4	5	6
	7	8	9	10	11	12
	13	14	15	16	17	18
	19	20	21	22	23	24
	25	26	27	28	29	30
	31	太極	太極	太極	太極	太極

33、小畜卦。流日卦的命盤變化

基本卦	初爻變	二爻變	三爻變	四爻變	五爻變	上爻變
小畜	巽	家人	中孚	乾	大畜	需
一月卦（月經卦）（流月卦）	1	2	3	4	5	6
	7	8	9	10	11	12
	13	14	15	16	17	18
	19	20	21	22	23	24
	25	26	27	28	29	30
	31	太極	太極	太極	太極	太極

34、中孚卦。流日卦的命盤變化

基本卦	初爻變	二爻變	三爻變	四爻變	五爻變	上爻變
中孚	渙	益	小畜	履	損	節
一月卦（月經卦）（流月卦）	1	2	3	4	5	6
	7	8	9	10	11	12
	13	14	15	16	17	18
	19	20	21	22	23	24
	25	26	27	28	29	30
	31	太極	太極	太極	太極	太極

35、家人卦。流日卦的命盤變化

基本卦	初爻變	二爻變	三爻變	四爻變	五爻變	上爻變
家人	漸	小畜	益	同人	賁	既濟
一月卦（月經卦）（流月卦）	1	2	3	4	5	6
	7	8	9	10	11	12
	13	14	15	16	17	18
	19	20	21	22	23	24
	25	26	27	28	29	30
	31	太極	太極	太極	太極	太極

36、益卦。流日卦的命盤變化

基本卦	初爻變	二爻變	三爻變	四爻變	五爻變	上爻變
益	觀	中孚	家人	無妄	頤	屯
一月卦（月經卦）（流月卦）	1	2	3	4	5	6
	7	8	9	10	11	12
	13	14	15	16	17	18
	19	20	21	22	23	24
	25	26	27	28	29	30
	31	太極	太極	太極	太極	太極

37、巽卦。流日卦的命盤變化

基本卦	初爻變	二爻變	三爻變	四爻變	五爻變	上爻變
巽	小畜	漸	渙	姤	蠱	井
一月卦（月經卦）（流月卦）	1	2	3	4	5	6
	7	8	9	10	11	12
	13	14	15	16	17	18
	19	20	21	22	23	24
	25	26	27	28	29	30
	31	太極	太極	太極	太極	太極

38、渙卦。流日卦的命盤變化

基本卦	初爻變	二爻變	三爻變	四爻變	五爻變	上爻變
渙	中孚	觀	巽	訟	蒙	坎
一月卦（月經卦）（流月卦）	1	2	3	4	5	6
	7	8	9	10	11	12
	13	14	15	16	17	18
	19	20	21	22	23	24
	25	26	27	28	29	30
	31	太極	太極	太極	太極	太極

39、漸卦。流日卦的命盤變化

基本卦	漸	一月卦 （月經卦） （流月卦）					
初爻變	家人	1	7	13	19	25	31
二爻變	巽	2	8	14	20	26	太極
三爻變	觀	3	9	15	21	27	太極
四爻變	遯	4	10	16	22	28	太極
五爻變	艮	5	11	17	23	29	太極
上爻變	蹇	6	12	18	24	30	太極

40、觀卦。流日卦的命盤變化

基本卦	觀	一月卦 （月經卦） （流月卦）					
初爻變	巽	1	7	13	19	25	31
二爻變	渙	2	8	14	20	26	太極
三爻變	漸	3	9	15	21	27	太極
四爻變	否	4	10	16	22	28	太極
五爻變	剝	5	11	17	23	29	太極
上爻變	比	6	12	18	24	30	太極

41、需卦。流日卦的命盤變化

基本卦	初爻變	二爻變	三爻變	四爻變	五爻變	上爻變
需	井	既濟	節	夬	泰	小畜
一月卦（月經卦）（流月卦）	1	2	3	4	5	6
	7	8	9	10	11	12
	13	14	15	16	17	18
	19	20	21	22	23	24
	25	26	27	28	29	30
	31	太極	太極	太極	太極	太極

42、節卦。流日卦的命盤變化

基本卦	初爻變	二爻變	三爻變	四爻變	五爻變	上爻變
節	坎	屯	需	兌	臨	中孚
一月卦（月經卦）（流月卦）	1	2	3	4	5	6
	7	8	9	10	11	12
	13	14	15	16	17	18
	19	20	21	22	23	24
	25	26	27	28	29	30
	31	太極	太極	太極	太極	太極

43、既濟卦。流日卦的命盤變化

基本卦	初爻變	二爻變	三爻變	四爻變	五爻變	上爻變
既濟	蹇	需	屯	革	明夷	家人
一月卦（月經卦）（流月卦）	1	2	3	4	5	6
	7	8	9	10	11	12
	13	14	15	16	17	18
	19	20	21	22	23	24
	25	26	27	28	29	30
	31	太極	太極	太極	太極	太極

44、屯卦。流日卦的命盤變化

基本卦	初爻變	二爻變	三爻變	四爻變	五爻變	上爻變
屯	比	節	既濟	隨	復	益
一月卦（月經卦）（流月卦）	1	2	3	4	5	6
	7	8	9	10	11	12
	13	14	15	16	17	18
	19	20	21	22	23	24
	25	26	27	28	29	30
	31	太極	太極	太極	太極	太極

45、井卦。流日卦的命盤變化

基本卦	初爻變	二爻變	三爻變	四爻變	五爻變	上爻變
井	需	蹇	坎	大過	升	巽
一月卦（月經卦）（流月卦）	1	2	3	4	5	6
	7	8	9	10	11	12
	13	14	15	16	17	18
	19	20	21	22	23	24
	25	26	27	28	29	30
	31	太極	太極	太極	太極	太極

46、坎卦。流日卦的命盤變化

基本卦	初爻變	二爻變	三爻變	四爻變	五爻變	上爻變
坎	節	比	井	困	師	渙
一月卦（月經卦）（流月卦）	1	2	3	4	5	6
	7	8	9	10	11	12
	13	14	15	16	17	18
	19	20	21	22	23	24
	25	26	27	28	29	30
	31	太極	太極	太極	太極	太極

47、蹇卦。流日卦的命盤變化

基本卦	初爻變	二爻變	三爻變	四爻變	五爻變	上爻變
蹇	既濟	井	比	咸	謙	漸
一月卦（月經卦）（流月卦）	1	2	3	4	5	6
	7	8	9	10	11	12
	13	14	15	16	17	18
	19	20	21	22	23	24
	25	26	27	28	29	30
	31	太極	太極	太極	太極	太極

48、比卦。流日卦的命盤變化

基本卦	初爻變	二爻變	三爻變	四爻變	五爻變	上爻變
比	屯	坎	蹇	萃	坤	觀
一月卦（月經卦）（流月卦）	1	2	3	4	5	6
	7	8	9	10	11	12
	13	14	15	16	17	18
	19	20	21	22	23	24
	25	26	27	28	29	30
	31	太極	太極	太極	太極	太極

49、大畜卦。流日卦的命盤變化

基本卦	初爻變	二爻變	三爻變	四爻變	五爻變	上爻變
大畜	蠱	賁	損	大有	小畜	泰
一月卦 （月經卦） （流月卦）	1	2	3	4	5	6
	7	8	9	10	11	12
	13	14	15	16	17	18
	19	20	21	22	23	24
	25	26	27	28	29	30
	31	太極	太極	太極	太極	太極

50、損卦。流日卦的命盤變化

基本卦	初爻變	二爻變	三爻變	四爻變	五爻變	上爻變
損	蒙	頤	大畜	睽	中孚	臨
一月卦 （月經卦） （流月卦）	1	2	3	4	5	6
	7	8	9	10	11	12
	13	14	15	16	17	18
	19	20	21	22	23	24
	25	26	27	28	29	30
	31	太極	太極	太極	太極	太極

51、賁卦。流日卦的命盤變化

基本卦	初爻變	二爻變	三爻變	四爻變	五爻變	上爻變
賁	艮	大畜	頤	離	家人	明夷
一月卦（月經卦）（流月卦）	1	2	3	4	5	6
	7	8	9	10	11	12
	13	14	15	16	17	18
	19	20	21	22	23	24
	25	26	27	28	29	30
	31	太極	太極	太極	太極	太極

52、頤卦。流日卦的命盤變化

基本卦	初爻變	二爻變	三爻變	四爻變	五爻變	上爻變
頤	剝	損	賁	噬磕	益	復
一月卦（月經卦）（流月卦）	1	2	3	4	5	6
	7	8	9	10	11	12
	13	14	15	16	17	18
	19	20	21	22	23	24
	25	26	27	28	29	30
	31	太極	太極	太極	太極	太極

53、蠱卦。流日卦的命盤變化

基本卦	初爻變	二爻變	三爻變	四爻變	五爻變	上爻變
蠱	大畜	艮	蒙	鼎	巽	升
一月卦（月經卦）（流月卦）	1	2	3	4	5	6
	7	8	9	10	11	12
	13	14	15	16	17	18
	19	20	21	22	23	24
	25	26	27	28	29	30
	31	太極	太極	太極	太極	太極

54、蒙卦。流日卦的命盤變化

基本卦	初爻變	二爻變	三爻變	四爻變	五爻變	上爻變
蒙	損	剝	蠱	未濟	渙	師
一月卦（月經卦）（流月卦）	1	2	3	4	5	6
	7	8	9	10	11	12
	13	14	15	16	17	18
	19	20	21	22	23	24
	25	26	27	28	29	30
	31	太極	太極	太極	太極	太極

55、艮卦。流日卦的命盤變化

基本卦	初爻變	二爻變	三爻變	四爻變	五爻變	上爻變
艮	賁	蠱	剝	旅	漸	謙
一月卦（月經卦）（流月卦）	1	2	3	4	5	6
	7	8	9	10	11	12
	13	14	15	16	17	18
	19	20	21	22	23	24
	25	26	27	28	29	30
	31	太極	太極	太極	太極	太極

56、剝卦。流日卦的命盤變化

基本卦	初爻變	二爻變	三爻變	四爻變	五爻變	上爻變
剝	頤	蒙	艮	晉	觀	坤
一月卦（月經卦）（流月卦）	1	2	3	4	5	6
	7	8	9	10	11	12
	13	14	15	16	17	18
	19	20	21	22	23	24
	25	26	27	28	29	30
	31	太極	太極	太極	太極	太極

57、泰卦。流日卦的命盤變化

基本卦	初爻變	二爻變	三爻變	四爻變	五爻變	上爻變
泰	升	明夷	臨	大壯	需	大畜
一月卦（月經卦）（流月卦）	1	2	3	4	5	6
	7	8	9	10	11	12
	13	14	15	16	17	18
	19	20	21	22	23	24
	25	26	27	28	29	30
	31	太極	太極	太極	太極	太極

58、臨卦。流日卦的命盤變化

基本卦	初爻變	二爻變	三爻變	四爻變	五爻變	上爻變
臨	師	復	泰	歸妹	節	損
一月卦（月經卦）（流月卦）	1	2	3	4	5	6
	7	8	9	10	11	12
	13	14	15	16	17	18
	19	20	21	22	23	24
	25	26	27	28	29	30
	31	太極	太極	太極	太極	太極

59、明夷卦。流日卦的命盤變化

基本卦	初爻變	二爻變	三爻變	四爻變	五爻變	上爻變
明夷	謙	泰	復	豐	既濟	賁
一月卦（月經卦）（流月卦）	1	2	3	4	5	6
	7	8	9	10	11	12
	13	14	15	16	17	18
	19	20	21	22	23	24
	25	26	27	28	29	30
	31	太極	太極	太極	太極	太極

60、復卦。流日卦的命盤變化

基本卦	初爻變	二爻變	三爻變	四爻變	五爻變	上爻變
復	坤	臨	明夷	震	屯	頤
一月卦（月經卦）（流月卦）	1	2	3	4	5	6
	7	8	9	10	11	12
	13	14	15	16	17	18
	19	20	21	22	23	24
	25	26	27	28	29	30
	31	太極	太極	太極	太極	太極

61、升卦。流日卦的命盤變化

基本卦	初爻變	二爻變	三爻變	四爻變	五爻變	上爻變
升	泰	謙	師	恆	井	蠱
一月卦（月經卦）（流月卦）	1	2	3	4	5	6
	7	8	9	10	11	12
	13	14	15	16	17	18
	19	20	21	22	23	24
	25	26	27	28	29	30
	31	太極	太極	太極	太極	太極

62、師卦。流日卦的命盤變化

基本卦	初爻變	二爻變	三爻變	四爻變	五爻變	上爻變
師	臨	坤	升	解	坎	蒙
一月卦（月經卦）（流月卦）	1	2	3	4	5	6
	7	8	9	10	11	12
	13	14	15	16	17	18
	19	20	21	22	23	24
	25	26	27	28	29	30
	31	太極	太極	太極	太極	太極

63、謙卦。流日卦的命盤變化

基本卦	初爻變	二爻變	三爻變	四爻變	五爻變	上爻變
謙	明夷	升	坤	小過	蹇	艮
一月卦（月經卦）（流月卦）	1	2	3	4	5	6
	7	8	9	10	11	12
	13	14	15	16	17	18
	19	20	21	22	23	24
	25	26	27	28	29	30
	31	太極	太極	太極	太極	太極

64、坤卦。流日卦的命盤變化

基本卦	初爻變	二爻變	三爻變	四爻變	五爻變	上爻變
坤	復	師	謙	豫	比	剝
一月卦（月經卦）（流月卦）	1	2	3	4	5	6
	7	8	9	10	11	12
	13	14	15	16	17	18
	19	20	21	22	23	24
	25	26	27	28	29	30
	31	太極	太極	太極	太極	太極

附錄E：人生99歲流年命盤

1歲 / 10歲	1	2	3	4	5	6	7	8	9
1	太極								
2									
3									
4									
5									
6									
7									
8									
9									

附錄F：容易誤算的筆劃數

為了忠於姓名學對於姓名文字的靈動數，姓名文字筆劃是依據清朝康熙字典的古文筆劃數為共同標準，不同於現今通俗的筆劃規則，本附錄就是將容易算錯的筆劃數整理歸納，當然，本書附錄的篇幅極其有限，因此，只能收錄「最常算錯」的文字筆劃，其實，讀者可在書局找到「姓名學」的專業書，其中一定有比較詳細的「正確筆劃」字典，本附錄只能擇其「最常見」者。

一、部首部分

部首	內涵	筆劃數	例如
氵	水	四劃	河（9劃），清（12劃）
忄	心	四劃	慎（14劃），怡（8劃）
礻	示	五劃	神（10劃），福（14劃）

扌	手	四劃	扣（7劃），持（10劃）
犭	犬	四劃	狂（7劃），狩（10劃）
扌	衣	六劃	補（13劃），被（11劃）
王	玉	五劃	理（12劃），現（12劃）
艹	艸	六劃	英（11劃），花（10劃）
辶	辵	七劃	近（11劃），連（14劃）
月	肉	六劃	脯（13劃），肺（10劃）
阝	邑	七劃	都（16劃），郊（13劃）
阝	阜	八劃	陳（16劃），限（14劃）

二、數字部分

數字	筆劃數
一	1
二	2
三	3
四	4
五	5
六	6
七	7
八	8
九	9
十	10

三、簡體字

簡體字必須先轉換為正體字（或稱為繁體字），才能正確算出其筆劃數。

附錄G：批流年的64卦靈籤玄語

（談古說今批流年）

批流年的眉批內容有許多不同的版本，各有千秋、各有所愛，其中最原始、最經典的代表作就是周文王的「卦詞」了，從周文王到現在的網路e世代，有不少名家大師都根據當時的時空人事背景，對易經64卦卦詞做出了補充說明，例如：易傳十翼就是其中非常優良的補助輔助說明，不但朝廷文人士大夫熱中於此，連市井書生、隱者、道士，也紛紛著書立說話江湖，本附錄G就是偏重於「野史」秘笈傳家寶，因此，當你覺得易經十翼有點艱澀難懂、不合時宜、不合理時，不妨「禮失求之野」的不恥下問，仔細品味本附錄G所示的64卦靈簽故事，作為相命批流年的眉批參考（此64卦靈籤，乃林漢民先生熱心提供，謹表示感謝）。

林漢民先生所提供的64卦靈籤，其內容包括籤號、卦名、靈籤典故、靈籤批示，以及身世、家宅、本性、健康、聲名、人事、姻緣、轉職、創業、投資、財運、運氣、交易、遷移、訴訟等項目，但因本書篇幅有限，只能收錄籤號、卦名、靈籤批示等三項，倘若讀者對其他未收錄項目有興趣，可直接洽詢林漢民先生（可由出版社或02-27637511代轉）。

籤號	卦名	靈籤批示
1	上籤 乾卦	幾年學道煉金丹，仙鶴茫茫去未還，必有仙師幸相遇，駕雲千里見天顏。
2	中籤 姤卦	夢蔔求賢豈偶然，心誠自古得良緣，果然得遂歸期願，大施甘露化普天。
3	中籤 遯卦	從來良馬行千里，無奈時人認未真，伯樂當年開巨眼，果然高價值千金。
4	上籤 否卦	萬事求謀總在心，心中平順向前行，乘舟莫道蓬萊遠，一陣風帆送好音。
5	上籤 觀卦	枯木逢春發嫩枝，一二三月正當時，若逢龍虎風雲會，猶勝牙琴遇子期。
6	中籤 剝卦	涉水濕衣探淺深，入山需要顧叢林，平途快步須警惕，柳陌花街莫浪尋。
7	上籤 晉卦	靈鳳高飛出鳥群，梧桐與竹才棲身，欲隨善處行方便，到處人情日日新。
8	中籤 大有	行前須顧後來非，臨渴方知掘井遲，寸寸積成千萬丈，出去銀子也得金。

9	中籤 坎卦	重重錦上又添花，只恐時人錯人差， 地獄有靈神亦感，久埋寶劍待張華。
10	中籤 節卦	欲蓋高居與華堂，不知大木在何方， 好將刀斧先磨利，暗取深山得棟梁。
11	中籤 屯卦	千謀萬計笑張良，眼前好處便聯合， 既入芝蘭香有剩，又從曲徑轉原場。
12	上籤 既濟	長江魚水正投機，正是人間見天時， 萬里天衢通人間，蟠桃仙會在瑤池。
13	中籤 革卦	老婦千金必有緣，相逢休論富與貧， 分明怪石藏碧玉，只恐當年認未真。
14	上籤 豐卦	曉來紅日正當升，卻在人間會天明， 莫道中屏人取巧，快將紅葉去傳情。
15	下籤 明夷	蜘蛛有網難羅鳥，鸚鵡能言豈是真， 方寸有天堪俯仰，求人無地不生春。
16	中籤 師卦	花錦園中幾萬叢，又逢時節遇東風， 勸君早去尋芳處，莫道荷花滿沼紅。

17	下籤	寶塔層層登絕頂，平途泥濘反生愁，
	艮卦	行藏進退求安穩，三尺神明在舉頭。
18	中籤	玉在石中人不見，衣從襯袖錦中藏，
	賁卦	看花歸去想嬌豔，兩袖明朝獨有香。
19	上籤	且向春耕學種田，生成果熟總由天，
	大畜	果然雨順風調日，誰羨王公值萬錢。
20	中籤	海浪滔滔萬丈深，漁人何得不驚心，
	損卦	不將身在波濤裡，安得魚來共酒歡。
21	下籤	瓜葛延綿上短籬，天然生物自相依，
	癸卦	明朝果熟功成後，卻落繁花飛草叢。
22	上籤	飛騰八翼已生成，始信雲霄萬里程，
	履卦	自古男兒當自強，一鞭步到九重天。
23	中籤	利刀割水不能開，恩情膠漆似陳雷，
	中孚	雖然六月冰霜少，猶恐天邊暴雨來。
24	下籤	栽成根本莫遷移，枝葉叢生花滿枝，
	漸卦	卻逢一場風雨惡，遊人悔歎看花遲。

25	上籤	算來記得雀銜環，施報分明咫尺間，	震卦	既有太平安樂地，不須驚扣是非關。
26	中籤	風雨夜來暗扣門，自知心靜不虛驚，	豫卦	一輪明月當頭照，獨自光明怕影孤。
27	中籤	烏鴉啼過兩三聲，無事心中亦自驚，	解卦	多少不寧心上事，只因難拔眼中釘。
28	中籤	無意欲遊被網羅，翻身一躍出長江，	恆卦	從此不怕風波險，莫向溪邊近釣台。
29	中籤	返璧威秦勢已雄，須防廉頗恨孤忠，	升卦	但將意義從頭看，卻在乾坤掌握中。
30	下籤	今生果結前生願，舉目行望有鬼神，	井卦	若得一心清似水，隨天隨地可安身。
31	上籤	買犢耕田必賣刀，果香粒熟在秋高，	大過	闖南闖北闖出頭，驚濤駭浪也風和。
32	上籤	一雙飛雁遠來鴻，千里行人信已通，	隨卦	果是有緣千里會，天從人願得奇逢。

33	上籤	巽卦	春去夏來秋復冬，丹成九轉見真功，飄飄駕鶴乘雲去，定折天宮一樹紅。
34	中籤	小畜	無情潮水實難休，流盡頭時又復流，遙指浮雲歸宿處，翻雲覆雨亂心頭。
35	上籤	家人	鐵柱尚且磨成針，時人莫作等閒看，十年學道功成後，始信靈犀一點丹。
36	上籤	益卦	昨夜床頭得明珠，前緣因果不虛圖，但從好處行方便，勝似人間第一福。
37	下籤	無妄	世界茫茫水與山，前途暗藏鬼門關，波新休去撈明月，伸手之時已悔難。
38	上籤	噬磕	江南地暖梅花開，南北枝頭花正發，千里故人消息好，一枝傳遞好音回。
39	中籤	頤卦	風來水面不勝情，月到天心處處明，千里佳音逢天涯，今朝方喜故人情。
40	上籤	蠱卦	萍生水面本無根，魚水相逢自有因，蛟龍不是池中物，得遇風雲才轉身。

41	上籤	離卦	幾年久旱逢甘雨，一到陽春萬物生，即使太平安樂地，心中一座鐵崑崙。
42	下籤	旅卦	豈可輕舟涉大川，從來善惡在心田，當初不信花前語，今日藍關馬不前。
43	下籤	鼎卦	挾山超海逞機謀，射虎林中誤石頭，幾句梅花吟未了，隔牆有耳已是非。
44	中籤	未濟	動止不忘鴻雁志，因何入困在雞群，一雛不舉原無力，今日猶能舉百斤。
45	上籤	蒙卦	心堅誰謂石無穿，沙土成山志在專，明月清風浪波靜，滿江都是釣魚郎。
46	中籤	渙卦	一出天臺莫再思，桃花洞口笑人癡，茫茫世界多歧路，荊棘迷途入仙山。
47	中籤	訟卦	伐木深山藏野兔，網張林外待歸禽。世間造化工夫巧，到底由來總費心。
48	中籤	同人	有意開池待月明，池成明月自然來，欲高世上贏一步，更上層樓坐月臺。

49	中籤	肅心淨掃塵埃去，虎豹潛蹤更滅行，
	坤卦	從此相逢休下馬，人人各自好前程。
50	上籤	世事無常一局棋，分明巧拙暗玄機，
	復卦	忽然果遂真奇遇，便是男兒得志時。
51	下籤	小人鑽營太殷勤，母雞展翼忽晨鳴，
	臨卦	徒將荊棘修途路，故向臨深履薄冰。
52	中籤	兩龍相爭逞英雄，魚池災殃不可逃，
	泰卦	一時使盡風波力，兩下方知枉用勞。
53	中籤	九仞成功不及泉，渡川徒恨已無船，
	大壯	淵明有所菊花地，便是人間快樂天。
54	上籤	吹散浮雲淨天空，一輪明月在東方，
	夬卦	春宵且喜無風雨，照盡人間處處光。
55	上籤	有意相如在弄琴，文君得遇正知音，
	需卦	天根月窟都遊遍，得心順手總在春。
56	中籤	荷葉珠圓豈是真，熒光有耀不如燈，
	比卦	縱然拾得精金寶，尤恐飛花落風塵。

57	中籤	澤卦	遙望前程萬里斜，腰纏騎鶴上天涯，落花有意隨流水，流水無情戀落花。
58	下籤	困卦	焚香寶鼎問求謀，雀自成巢肯與鳩，只恐無心求自得，須知有意反無成。
59	上籤	萃卦	天時人事兩相催，更喜東都得意回，若得上林花似錦，人人拍手看花來。
60	下籤	咸卦	古琴音絕已多時，無復人間會子期，人道洛陽花似錦，只爭來早與來遲。
61	中籤	蹇卦	株木初時未遇春，忽然天意降甘霖，根深不怕風搖動，從此枝葉日日新。
62	上籤	謙卦	霹靂一聲山河動，乾坤轉動斗星移，風雲際會飛騰日，脫下麻衣換紫衣。
63	上籤	小過	劍氣光輝在匣中，無瑕碧玉遇良工，客來千里求知己，都在一團和氣中。
64	中籤	歸妹	得失榮枯不自由，紛紛春夢付東流，魚歸巨海無蹤跡，也負漁人守釣勾。

上卦 下卦	乾☰ （天） 1	兌☱ （澤） 2	離☲ （火） 3	震☳ （雷） 4	巽☴ （風） 5	坎☵ （水） 6	艮☶ （山） 7	坤☷ （地） 8
乾☰ （天） 1	1號 乾卦	54號 夬卦	8號 大有	53號 大壯	34號 小畜	55號 需卦	19號 大畜	52號 泰卦
兌☱ （澤） 2	22號 履卦	57號 兌卦	21號 睽卦	64號 歸妹	23號 中孚卦	10號 節卦	20號 損卦	51號 臨卦
離☲ （火） 3	48號 同人	13號 革卦	41號 離卦	14號 豐卦	35號 家人	12號 既濟	18號 賁卦	15號 明夷
震☳ （雷） 4	37號 無妄	32號 隨卦	38號 噬磕	25號 震卦	36號 益卦	11號 屯卦	39號 頤卦	50號 復卦
巽☴ （風） 5	2號 姤卦	31號 大過	43號 鼎卦	28號 恆卦	33號 巽卦	30號 井卦	40號 蠱卦	29號 升卦
坎☵ （水） 6	47號 訟卦	58號 困卦	44號 未濟	27號 解卦	46號 渙卦	9號 坎卦	45號 蒙卦	16號 師卦
艮☶ （山） 7	3號 遯卦	60號 咸卦	42號 旅卦	63號 小過	24號 漸卦	61號 蹇卦	17號 艮卦	62號 謙卦
坤☷ （地） 8	4號 否卦	59號 萃卦	7號 晉卦	26號 豫卦	5號 觀卦	56號 比卦	6號 剝卦	49號 坤卦

例如：乾卦（卦數為11）的靈籤號為1號
隨卦（卦數為24）的靈籤號為32號
家人（卦數為53）的靈籤號為35號
坤卦（卦數為88）的靈籤號為49號
困卦（卦數為26）的靈籤號為58號
小過（卦數為47）的靈籤號為63號

附錄H：幸運人生18寶（吉祥物）

內外雙修

- 內：內省吾身・安然心（幸運人生・身心靈）
- 外：身外之物・吉祥物（幸運人生・十八寶）

人生百態・浮生六記	W消災	X祈福	Y開運
①愛情（戀愛、婚姻……）	1寶	2寶	3寶
②親情（子女、家庭……）	4寶	5寶	6寶
③財運（事業、中獎……）	7寶	8寶	9寶
④官運（選舉、職業……）	10寶	11寶	12寶
⑤星運（比賽、考試……）	13寶	14寶	15寶
⑥老運（健康、平安……）	16寶	17寶	18寶

◆人生百態、七情六慾，可以總結歸納為六大類；分別為愛情、親情、財運、官運、星運、老運，這就是人情世事所謂的「浮生六記」。

◆凡事發展必有其脈絡可尋和一定軌跡過程，「量」有其發展的必然步驟，「質」也有其變化的自然過程，這就是所謂的「科學發展規律」的自然規律，並非人為所能改變，例如：「時間量」為初期、中期和晚期的必然步驟；「空間量」為小、中、大的必然步驟；植物「生長質量」為幼苗、開花、結果的自然過程；「動物生長質量」為出生、成長、死亡的自然過程；同樣地，幸運人生的發展也是有其順其自然天意的必然步驟和自然過程，合乎自然順其天者，就是吉祥如意，反之，則為災難困厄，這就是所謂的「順天者昌，逆天者亡」，「天」就是自然、上帝、神明、良心的唯心識物，幸運人生就是天、地、人三者和諧相融的平衡狀態，天時不如地利、地利不如人和，「人和」固然要依靠主觀、自我、自身的修養努力，也要依靠客觀「身外之物」的培養助力，才能「內外皆修」行大運，這些「助你一臂之力」的身外之物，就是吉祥物，「吉祥物」也是按照自然規律的必然步驟來幫助你擁有幸運人生，這些自然規律的必然步驟就是：消災、祁福、開運三步驟，必須循序漸進不冒進，必須三位一體不缺一，才能大功告成行大運！

◆凡人都想成功幸運，倘若有「吉祥物」幫助你消災、祈福和開運，那就更容易「心想事成」運氣來，人生百態的浮生六記都需要消災、祈福和開運，愛情、親情、財運、官運、星運、老運的浮生六記都需要消災、祈福和開運三步驟，每一記的每一步驟都需要一個吉祥物，所以總共有6×3＝18個吉祥物，這就是幸運人生18寶。

◆消災的吉祥信物為「八卦」
祈福的吉祥信物為「葫蘆」
開運的吉祥信物為「元寶」

◆幸運人生18寶的吉祥物

第1寶：愛情消災寶

八卦＋愛情信物（例如：鴛鴦、月亮……）

第2寶：愛情祈福寶

葫蘆＋愛情信物（例如：鴛鴦、月亮……）

第3寶：愛情開運寶

元寶＋愛情信物（例如：鴛鴦、月亮……）

第4寶：親情消災寶

八卦＋親情信物（例如：房屋、小孩……）

第5寶：親情祁福寶

葫蘆＋親情信物（例如：房屋、小孩……）

第6寶：親情開運寶

元寶＋親情信物（例如：房屋、小孩……）

第7寶：財富消災寶

八卦＋財富信物（例如：錢幣、金魚……）

第8寶：財富祁福寶

葫蘆＋財富信物（例如：錢幣、金魚……）

第9寶：財富開運寶

元寶＋財富信物（例如：錢幣、金魚……）

第10寶：升官消災寶

八卦＋升官信物（例如：雞冠、鯉魚……）

第11寶：升官祁福寶

葫蘆＋升官信物（例如：雞冠、鯉魚……）

第12寶：升官開運寶

元寶＋升官信物（例如：雞冠、鯉魚……）

第13寶：明星消災寶

八卦＋明星信物（例如：金蟬、喜鵲……）

第14寶：明星祁福寶

葫蘆＋明星信物（例如：金蟬、喜鵲……）

第15寶：明星開運寶

元寶＋明星信物（例如：金蟬、喜鵲……）

第16寶：老年消災寶

八卦＋老年信物（例如：高山、白鶴……）

第17寶：老年祁福寶

葫蘆＋老年信物（例如：高山、白鶴……）

第18寶：老年開運寶

元寶＋老年信物（例如：高山、白鶴……）

國家圖書館出版品預行編目資料

學流年、命盤，這本最好用／謝國華著.
——初版—— 台北市：知青頻道 出版；
紅螞蟻圖書發行，2005〔民 94〕
面　　公分，——(Easy Quick : 57)
ISBN 957-0491-48-5 (平裝)

1.命書
293.1　　　　94017385

Easy Quick 57
學流年、命盤，這本最好用
作　　者／謝國華
發 行 人／賴秀珍
榮譽總監／張錦基
總 編 輯／何南輝
文字編輯／林芊玲
美術編輯／林佑峻
出　　版／知青頻道出版有限公司
發　　行／紅螞蟻圖書有限公司
地　　址／台北市內湖區舊宗路二段 121 巷 28 號 4F
網　　站／ www.e-redant.com
郵撥帳號／ 1604621-1　紅螞蟻圖書有限公司
電　　話／(02)2795-3656 (代表號)
傳　　眞／(02)2795-4100
登 記 證／局版北市業字第 1446 號
法律顧問／許晏賓律師
印 刷 廠／鴻運彩色印刷有限公司
電　　話／(02)2985-8985 · 2989-5345
出版日期／ 2005 年 10 月　第一版第一刷

定價 280 元

ISBN 957-0491-48-5　　**Printed in Taiwan**